Klaus Behling   Bankraub in Serie

W0196803

Klaus Behling

Bankraub in Serie

und dreizehn weitere Gewaltverbrechen
aus Ostdeutschland

Bild und Heimat

Von Klaus Behling liegen in den BEBUG Verlagen außerdem vor:

Spur der Scheine. Wie das Vermögen der SED verschwand (edition berolina, 2019)
Die Treuhand. Wie eine Behörde ein ganzes Land abschaffte (edition berolina, aktualisierte, erweiterte Neuausgabe, 2019)
»Plötzlich und unerwartet …«. Selbstmorde nach Wende und Einheit (edition berolina, 3. Auflage, 2019)
Leben nach der DDR. Was die Wende dem Osten brachte (Bild und Heimat, 2020)
Erbe & Erinnerung. 77 Fragen zur Zeitenwende im Osten (Bild und Heimat, 2021)
Der Lustmörder aus dem Erzgebirge und zwölf weitere wahre Gewaltverbrechen aus Ostdeutschland (Blutiger Osten, 2021)

ISBN 978-3-95958-326-8

1. Auflage
© 2022 by BEBUG mbH / Bild und Heimat, Berlin
Umschlaggestaltung: capa
Umschlagabbildung: Chris Keller / bobsairport
Druck und Bindung: CPI Moravia Books s. r. o.

In Kooperation mit der SUPERillu

www.superillu-shop.de

Inhalt

Babys ohne weiße Särge

Die schrecklichen Geheimnisse um getötete
Säuglinge

Wenn Babys sterben, werden sie meist in kleinen weißen Särgen bestattet. Hat ihr Tod keine natürlichen
Ursachen, sind Prozesse darüber immer auch ein Blick
in die schwarzen Tiefen menschlicher Seelen. Für die
Opfer gab es keine Trauerfeier. Welch unfassbare Taten manchmal hinter solch verweigertem Abschied
stecken, zeigte sich, als am 1. August 2005 die gelernte
Zahnarzthelferin Sabine H. in Brieskow-Finkenheerd
verhaftet wurde. Einen Tag zuvor hatte ein Bekannter
beim Aufräumen in als Blumenkübel genutzten Ge-
fäßen kleine menschliche Knochen entdeckt – Überreste von neun neugeborenen Kindern, in Plastiktüten
verpackt. DNA-Analysen ergaben am 29. November
2005, dass es sich um sieben Mädchen und zwei Jungen handelte. Sabine H. gab bereits unmittelbar nach
ihrer Verhaftung an, sie habe die Kinder ohne fremde
Hilfe zur Welt gebracht, aber keine Erinnerung an deren Todesumstände. Sie sei bei allen Geburten betrunken gewesen.

Am 27. April 2006 begann vor dem Landgericht
Frankfurt (Oder) der Prozess gegen die damals vier-
zigjährige Sabine H. wegen Totschlags in acht Fällen.
Eine zuvor erhobene Anklage der Staatsanwaltschaft

wegen achtfachen Mordes und einer Kindstötung im Zeitraum von 1988 bis 1998 hatte das Gericht abgewiesen. Den Tod eines Jungen im Jahr 1988 sah es überdies als verjährt an, da für diesen Fall DDR-Recht anzuwenden war.

Im Laufe ihres Lebens bekam Sabine H. dreizehn Kinder, neun davon tötete sie. Sie selbst war einst das Nesthäkchen ihrer Eltern, die bereits zwei Kinder hatten, zehn und fünfzehn Jahre älter. In der Familie, der Vater arbeitete bei der Bahn, die Mutter war Hausfrau, sprach man wenig miteinander. Sabine galt als »pflegeleicht« und brachte gute Zensuren nach Hause. Trotzdem sollte sie kein Abitur machen, sondern möglichst zeitig auf eigenen Beinen stehen. Deshalb lernte sie Zahnarzthelferin und flüchtete sich schnell in eine Partnerschaft mit einem jungen Mann. Bei einem Maifest 1983 lernte sie den Soldaten Oliver H. kennen. Wenige Monate später wurde sie mit siebzehn Jahren schwanger. Für ihren damaligen Freund sei das völlig »in Ordnung« gewesen, erklärte Sabine H. dem Gericht. Auch gegen das schnell folgende zweite Kind habe er nichts gehabt. Vorher wurde aber noch geheiratet. Sonst bestand in der DDR keine Aussicht auf eine eigene Wohnung. Ein weiteres Kind wollte Oliver H. jedoch nicht.

Auch zwischen den jungen Eheleuten wurde wenig gesprochen. Wie es Sabine H. aus ihrer Kindheit kannte, ordnete sie sich unter. »Ich kam in haargenau die gleiche Situation, die ich schon an meinem Elternhaus auszusetzen hatte«, resümierte sie vor Gericht.

Auch über Schwangerschaftsverhütung redete man nicht. Das war allein Sache der Frau. Sabine H. nahm nach dem zweiten Kind die Pille, doch »die vertrug ich schlecht«. Nur sechzehn Monate nach der Geburt des zweiten Kindes war sie wieder schwanger. Als Sabine H. ihrem Mann davon berichtete, habe er »einen Tobsuchtsanfall« bekommen. Sie versuchte daraufhin, ihre Enttäuschung, Hilflosigkeit und Angst mit Alkohol zu betäuben. Erst heimlich in der Küche, dann immer mehr und immer öfter.

Nach seinen eigenen Aussagen bemerkte der Mann weder die vielen Schwangerschaften noch die Hausgeburten. Erste Ermittlungen gegen ihn erbrachten keine gegenteiligen Ergebnisse. Nachdem Sabine H. später zu einer ehelichen Auseinandersetzung um die Jahrtausendwende aussagte: »Er hat mir mal während eines Streit an den Kopf geworfen, ich solle nur nicht glauben, dass er nicht gemerkt hätte, dass ich schwanger gewesen sei«, nahm Staatsanwältin Anette Bargenda erneut Ermittlungen auf. Auch daraus ergab sich kein hinreichender Tatverdacht gegen den inzwischen geschiedenen Mann. Ende Mai 2008 wurde deshalb das Ermittlungsverfahren gegen Oliver H. eingestellt.

Doch zurück zum Prozess. Es war einer der makabersten Momente, als Sabine H. zu ihren neun toten Babys beteuerte: »Ich habe mich über jedes Kind gefreut.« Wie sie im Zustand nahezu besinnungsloser Trunkenheit die Kinder zur Welt brachte, wusste sie nicht mehr. Sie konnte auch nicht sagen, ob sie es war, die die Babys in Eimern, Töpfen, Wannen und Körben unter Blumenerde verschwinden ließ. Sie wisse nur, dass sie sich nicht zum Arzt begab, weil sie die Entdeckung der jeweils letzten Schwangerschaft befürchtete. Gestorben waren die Babys an Unterkühlung, weil sie nach der Geburt in keiner Weise versorgt wurden. Erinnern konnte sich Sabine H. nur noch an das Gesicht ihres 1988 geborenen Jungen. Es sei blau angelaufen gewesen, und er habe Schaum vor dem Mund gehabt, berichtete sie dem Gericht.

Das psychiatrische Gutachten bestätigte die volle Schuldfähigkeit der Angeklagten. Am 1. Juni 2006 verurteilte das Landgericht Frankfurt (Oder) die Frau aus Brieskow-Finkenheerd wegen achtfachen Totschlags zu fünfzehn Jahren Haft.

Dieses Urteil hob der Bundesgerichtshof am 4. April 2007 wieder auf. Die obersten Richter meinten, das Landgericht habe schuldmindernde Aspekte, etwa den massiven Alkoholkonsum oder die Konfliktsituation, in der sich die Angeklagte während jeder der neun Schwangerschaften befand, zu wenig gewürdigt. Zwar urteilte auch der BGH auf Totschlag durch Unterlassen, ob Sabine H. jedoch die Höchststrafe von fünfzehn Jahren bekommen müsse, sollte erneut geprüft werden.

Das geschah in einem zweiten Prozess vor dem Landgericht Potsdam. Er endete am 7. April 2008 mit einem neuen Urteil, ebenfalls auf fünfzehn Jahre Haft. Diesen Spruch bestätigte der Bundesgerichtshof am 11. Februar 2009.

Nach Verbüßung von zwei Dritteln der Strafe im

August 2015 erließ das Landgericht Cottbus einen Beschluss zur vorzeitigen Haftentlassung. Die Staatsanwaltschaft Frankfurt (Oder) verzichtete darauf, dagegen Rechtsmittel einzulegen. Im Herbst 2015 konnte Sabine H. die Justizvollzugsanstalt Luckau-Duben verlassen.

Auch in einem anderen Fall musste das Gericht zweimal sein Urteil fällen. Dieses Mal ging es um zwei Säuglinge.

Am 3. Januar 2018 meldete die *Bild*-Zeitung: »Furchtbare Entdeckung in Benndorf (Sachsen-Anhalt). Dort lebte eine Frau offenbar jahrelang neben zwei toten Babys … Bei der Hausdurchsuchung stießen die Beamten in der Tiefkühltruhe von Steffi S. (46) auf zwei tote Kleinkinder. Der Anruf von Uwe W., der mit der Altenpflegehelferin jahrelang liiert war, kam Dienstag gegen 19.35 Uhr. Der Montagearbeiter sprach zunächst nur von einem Baby: ›Bei meiner Ex-Freundin liegt ein toter Säugling in der Wohnung.‹ Polizeisprecher Ralf Karlstedt: ›Wir gehen davon aus, dass die Wohnungsinhaberin die Mutter ist … die beiden Leichen werden in der Gerichtsmedizin obduziert.‹« Die Obduktion ergab, dass beide Kinder erstickt wurden. Das Mädchen und der Junge seien gesund zur Welt gekommen, hieß es. Am 5. Januar 2018 erließ das Amtsgericht Halle Haftbefehl wegen Totschlags in zwei Fällen. Die Beschuldigte hatte sich ein Jahr zuvor von ihrem fünfundfünfzigjährigen Lebensgefährten Uwe W. getrennt und lebte als alleinerziehende Mutter mit ihrer fünfzehnjährigen Tochter in einem dreigeschossigen Wohnblock in dem Zweitausend-Seelen-Ort Benndorf. Ein Sohn war bereits volljährig.

Steffi S. gab zu, nach verheimlichten Schwangerschaften in den Jahren 2004 und 2008 zwei gesunde Kinder zur Welt gebracht zu haben. Bei der Geburt des ersten Kindes wohnte sie noch in Helbra, dann zog die Familie mit dem ersten toten Säugling nach Benndorf um, wo das zweite Kind geboren wurde. Unmittelbar nachdem sie auf der Welt waren, steckte die Mutter ihre Babys in Plastiktüten und bewahrte sie jahrelang in einem Gefrierschrank in ihrer Wohnung auf.

Am 22. März 2018 begann vor dem Landgericht Halle der Prozess gegen die Mutter, die ihre Taten gestanden hatte. »Sie haben das dunkle Geheimnis über Jahre hinweg für sich behalten«, hielt ihr der Vorsitzende Richter Jan Stengel vor. Den Grund dafür sah das Gericht in familiären Problemen und Schulden. Ein Gutachter attestierte der Frau die volle strafrechtliche Verantwortung. Staatsanwalt Hendrik Weber warf der Angeklagten vor, sie habe ihre eigenen Interessen über das »Recht auf Leben« der Kinder gestellt. Der Entschluss, sie zu töten, sei jeweils bereits vor der Geburt gefallen. Das Urteil über eine Freiheitsstrafe von neun Jahren und sechs Monaten nahm Steffi S. regungslos auf. Ihre Verteidigerin Carolin Greiner legte dagegen Revision beim Bundesgerichtshof ein und hatte damit Erfolg.

Auch dabei ging es nicht um die Schuld der Mutter am Tod ihrer Babys, sondern um die Höhe der verhängten Strafe. Das Landgericht Halle sah es als strafverschärfend an, dass Steffi S. nicht nach anderen Lebensmöglichkeiten für ihre Kinder, zum Beispiel durch Freigabe zur Adoption, gesucht hatte. Deshalb schloss es der Bundesgerichtshof nicht aus, dass das Landgericht auch eine niedrigere Strafe hätte verhängen können. Der Fall wurde an eine andere Kammer nach Halle zurück verwiesen und noch einmal verhandelt. Nach nur einem Tag bestätigten die neuen Richter im Januar 2019 jedoch die Höhe der Strafe.

Auch Uwe W., der vormalige Lebensgefährte der Frau, musste sich trotz der Einstellung der Ermittlungen zu den Todesfällen verantworten. Ihm warf zunächst das Amtsgericht Eisleben sexuelle Nötigung und Störung der Totenruhe vor, verwies den Fall dann aber ans übergeordnete Landgericht. Laut Anklage sollte der Mann seine Ex-Partnerin mit seinem Wissen von den Kinderleichen zu Sex erpresst haben. Erst als sie sich verweigerte, ging er zur Polizei. Im Prozess rückte die Staatsanwaltschaft vom Vorwurf der sexuellen Nötigung ab. Er ließ sich nicht beweisen. Am 22. Januar 2019 wurde Uwe W. freigesprochen. Das Verfahren wegen Störung der Totenruhe stellte das Gericht gegen die Zahlung von 1.000 Euro an einen ambulanten Kinderhospiz-Dienst ein. Dass der Mann eine Babyleiche nach dem Fund zurückgelegt hatte, reichte aus Sicht der Richter nicht für eine Verurteilung aus.

Die Reihe von Opfern in Ostdeutschland, die unmittelbar nach der Geburt zu Tode kamen, ließe sich fortsetzen: Am 28. September 2006 befand das Landgericht Gera die vierundvierzigjährige Erzieherin Sabine K. für schuldig, zwölf und vierzehn Jahre zuvor zwei Babys getötet zu haben. Die Leichen waren zu Neujahr in Altenburg gefunden worden, nachdem der Mann seine Frau anzeigte, weil sie sich von ihm trennen wollte. Er hatte damals die ungewollten Kinder im Kellerboden eingemauert und einen Heizkessel sowie eine Waschmaschine darüber gestellt. Der Vorsitzende Richter Reinhard Maul stellte zu Sabine K. fest: »Sie haben die Kinder unmittelbar nach der Geburt getötet, weil Sie in Ihrer damaligen Lebenssituation keine weiteren Kinder mehr gebrauchen konnten.« Die Angeklagte widersprach und behauptete, die Kinder seien Totgeburten gewesen. Die Todesursache konnte nicht mehr definitiv geklärt werden. Dennoch verurteilte das Landgericht die Mutter in erster Instanz zu neun Jahren Haft. Das Ergebnis einer möglichen Revision wurde nicht bekannt. Der schwer alkoholkranke Ehemann, der die Leichen beseitigt haben soll, konnte nicht mehr belangt werden, weil seine Tat der Beihilfe verjährt war.

Ein erstinstanzliches Urteil zu lebenslanger Haft wegen Mordes an einem Säugling sprach das Landgericht Potsdam am 17. Januar 2012. Der Vorsitzende Richter Frank Tiemann fasste in der Urteilsbegründung zusammen: »Beide verheimlichten die Schwangerschaft. Das Kind sollte sterben. An Adoption oder Babyklappe haben sie nie gedacht.« Als Motiv stellte er fest: »Beide Eltern waren mit ihren drei Kindern überlastet, brachten die Raten für das Haus nicht auf. Als Kirsten H. ein viertes Mal schwanger wurde, fürchteten sie, dass ihnen der Strom abgedreht wird.« Zum Tatablauf ermittelte das Gericht, dass der fünfunddreißigjährige Vater Marcel T. das Neugeborene nach der Hausgeburt am 2. Juni 2009 mit Einverständnis der achtunddreißigjährigen Mutter tötete. Dann vergrub er die Leiche in Jüterbog im Garten des Hauses. Anfang Februar 2011 fand die Polizei deren Überreste, weil Kirsten H. im Suff davon erzählte.

Solch ein Mord blieb die Ausnahme, getötete Babys wurden jedoch öfter gefunden. Die meisten danach erhobenen Anklagen lauteten auf Totschlag, begangen von den Eltern. Oft war es jedoch schwierig, den konkreten Tatbeitrag von Mutter oder Vater nachzuweisen. Das führte in zahlreichen Fällen zu erheblichen Unterschieden in der strafrechtlichen Sanktion, wie ein Fall zeigte, der im Januar 2016 mit dem Fund eines toten Babys durch zufällig vorbeikommende Passanten begann. Am folgenden Tag wurde nahe einer Industriebrache in Ichtershausen bei Arnstadt eine zweite kleine Leiche entdeckt. Beide waren in blauen Müllsäcken verpackt. Die Gerichtsmediziner konnten feststellen, dass die Jungen nach der Geburt lebten. Die Polizei ermittelte die Eltern Alexandra R., neunundzwanzig Jahre alt, und Chris M., vierunddreißig Jahre alt, als Verdächtige. Die Mutter erklärte der Polizei, dass sie die beiden Jungen im Herbst 2014 und 2015 in ihrer Dachgeschosswohnung zur Welt brachte.

Am 4. August 2016 begann der Prozess gegen sie vor dem Landgericht Erfurt. Richter Markus von Hagen sprach Alexandra R. am 5. Dezember 2016 des Totschlags durch Unterlassen schuldig: »Hätten Sie sich wie eine Mutter verhalten, wäre das Leben der Kinder zu retten gewesen«, stellte er fest und verurteilte sie zu acht Jahren und sechs Monaten Haft. Ihr mitangeklagter ehemaliger Lebensgefährte, dem die Frau vorwarf, die Kinder nach der Geburt »weggebracht« und damit ihren Tod verschuldet zu haben, musste aus Mangel an Beweisen freigesprochen werden. Richter von Hagen gestand bei der Urteilsverkündung ein, dass das Gericht die Tat nicht vollständig aufklären konnte. Offen blieb, ob Mutter oder Vater oder beide gemeinsam die Kinder in den Müllsäcken ihrem Schicksal im Freien überließen. Nach der Beweisaufnahme käme jedoch nur Alexandra R. dafür in Betracht, denn am Fundort der Leichen fanden sich nur ihre DNA-Spuren. Am 9. August 2017 verwarf der Bundesgerichtshof die Revision der Angeklagten als »offensichtlich unbegründet«.

All diese Fälle riefen nicht nur Entsetzen und Unruhe unter der Bevölkerung, sondern auch Diskussionen darüber hervor, ob sie »typisch« für Ostdeutschland seien. Bereits im Zusammenhang mit den toten Babys von Brieskow-Finkenheerd unterstellte der damalige Innenminister Brandenburgs, Jörg Schönbohm (CDU), den Ostdeutschen generell eine höhere Gewaltbereitschaft gegenüber Kindern. Den Grund dafür sah er unter anderem in einer »Proletarisierung« der Bevölkerung im Osten. Der Hannoveraner Kriminologe Christian Pfeiffer pflichtete ihm bei und berief sich dabei auf seine Studien aus den Jahren 1995 bis 2004, die angeblich belegten, dass Kinder bis zu sechs Jahren in der vormaligen DDR bis zu dreimal häufiger von den eigenen Eltern getötet worden seien als in den alten Bundesländern.

Die offiziellen Zahlen des Statistischen Bundesamts bestätigten diese Aussagen nicht. Sie zeigten beispielsweise für 1986, dass der Anteil von Gewaltopfern unter den Ein- bis Neunjährigen in Ost und West nahezu gleich war.

Belegt ist allerdings eine höhere Zahl von toten Kindern unter einem Jahr im Osten Deutschlands. Der Direktor des Instituts für Rechtsmedizin an der Universität Leipzig, Werner Johann Kleemann, erklärte sie so: »In der DDR mussten alle tot aufgefundenen Kinder unter sechzehn Jahren obduziert werden. Dort dürften Tötungsdelikte zu 99 Prozent entdeckt worden sein. Das war im Westen nicht so.« Im Vergleichsjahr 1986 wurden im Westen siebenundzwanzig Kinder unter einem Jahr getötet. Das entsprach einer Quote von 4,3 Opfern in Relation zur statistisch relevanten Bezugsgröße aus der Gesamtbevölkerung. In der damaligen DDR kamen im gleichen Berichtszeitraum und in der gleichen Altersgruppe siebzehn Kinder zu Tode. Daraus ergab sich eine Quote von 7,7. Rechtsmediziner Kleemann: »Eine Untersuchung zum Obduktionsverhalten in der alten Bundesrepublik hat ergeben, dass beim plötzlichen Säuglingstod durchschnittlich nur etwa 50 Prozent der Kinder obduziert wurden. Und das, obwohl diese Kinder alle plötzlich und unerwartet gestorben waren.« Er schlussfolgert daraus, dass die Zahl unerkannter Kindstötungen tatsächlich deutlich höher als im Osten gelegen habe.

Eine Ende der 1990er Jahre entstandene Studie, die »Tödliche Kindesmisshandlung« in den Jahren 1985 bis 1990 untersuchte, stellte fest: In der DDR »ließen sich die Fälle tödlicher Kindesmisshandlung nahezu lückenlos aufklären«. Es habe nur ein »sehr geringes Dunkelfeld« gegeben. Für die damalige Bundesrepublik konstatierte die Untersuchung: Hier »blieb etwa jede zweite tödliche Kindesmisshandlung unentdeckt«. Auch die Ursachen für die möglicherweise höhere Zahl der Todesfälle im Osten sahen die Wissenschaftler nicht in den dortigen Verhältnissen. Sie gingen davon aus, »dass sich bei diesem innerfamiliären Delikt die menschlichen Verhaltensweisen nicht grundsätzlich voneinander unterschieden haben«.

Kriminologe Thomas Feltes von der Ruhr-Universität in Bochum vermutete, dass die seit 1990 gestiegenen Zahlen von Tötungsdelikten an Kindern in den neuen Ländern »das Ergebnis starker sozialer Verwerfungen nach der Wende sind«. Dann läge aus seiner Sicht »die Ursache nicht in der Proletarisierung der DDR, sondern in der Verunsicherung nach der kapitalistischen Wende«.

Die hier dargestellten grausamen Verbrechen an wehrlosen Neugeborenen scheinen seine Analyse zu bestätigen.

Gewinner der Wende, Verlierer im Leben

Weshalb ein Bürgermeister mordete und ein Arzt
sich umbrachte

Wer im Süden von Berlin auf der Autobahn durch Ludwigsfelde fährt, merkt das allenfalls an den Straßenschil-
dern. Sie quert auf Stelzen den Ort, den Einheimische
gern schon mal kurz »Lu« nennen. Frühere DDR-Bürger kennen ihn als »Autobauerstadt«, aus Ludwigsfelde kamen die Lkw W50. Das heute dort Mercedes-
Transporter vom Band rollen, sich der Triebwerkbauer
MTU, Thyssen-Krupp, Coca-Cola und andere Firmen
ansiedelten, verdankt der Ort seinem Wendegewinner
Heinrich Scholl. Dreimal hintereinander wählten sie
den Ingenieur und SPD-Politiker mit großer Mehrheit
zum Stadtoberhaupt. Dann ging er in Rente. Heinrich
Scholl machte aus Ludwigsfelde einen florierenden In-
dustriestandort mit rund neunhundert Firmen, mehr
als zehntausend Arbeitsplätzen und der größten über-
dachten FKK-Therme Europas. Dann wurde es still um
den 1,60-Meter-Mann, den seine wenigen Widersacher
»Napoleon von Lu« nannten – bis er am 25. Januar 2012
als mutmaßlicher Mörder seiner Ehefrau Brigitte verhaftet wurde.

Der Weg Heinrich Scholls vom Wendegewinner
zum Verlierer im Leben begann im Mai 2008 in Ber-
lin-Zehlendorf. Dort hatte er sich ein Apartment ge-

nommen, um seine Freizeit mit einer thailändischen Prostituierten zu verbringen. Er schmiedete Hochzeitspläne, lernte bei einem Besuch in Thailand ihre Familie kennen und wollte dort mit ihr ein Hotel eröffnen. Sie hatte es wohl eher auf sein Geld abgesehen.

Das Drama nahm seinen Lauf, nachdem der stadtbekannte, inzwischen achtundsechzigjährige »Macher« Ende 2011 wieder bei seiner Frau Brigitte in Ludwigsfelde auftauchte. Er hatte noch längst nicht vor, sich zur Ruhe zu setzen. Deshalb betrieb er als Pensionär eine Beraterfirma. Sie florierte, denn mehr als zwanzig Jahre nach der Einheit waren die richtigen Kontakte der Schlüssel zum Erfolg. »Heiner« hatte sie.

Heinrich Scholl gehörte zu jenen, die nach dem Ende der DDR so richtig durchstarteten. Bis dahin führten er und seine Frau ein Nischendasein wie viele ihrer Generation im Osten Deutschlands, die einmal große Pläne hatten und sich dann doch lieber anpassten. Als Kriegskinder, sie 1944, er 1943 geboren, erlernten die beiden nicht nur in der Schule diese Lebensstrategie. Heinrich Scholl erfuhr bereits im Elternhaus viel Härte und wenig Liebe. Die Journalistin Anja Reich, die über ihn und den Mordfall ein Buch geschrieben hat, erzählt eine Schlüsselszene, die seinen Charakter prägte: »Heinrich Scholls früheste Kindheitserinnerung ist der Tag, an dem er im Garten seines Elternhauses ausrutschte und in die Jauchegrube fiel. Er konnte sich gerade noch so festhalten und auf allen Vieren zurück auf die Wiese kriechen. Er stank wie die Pest, ihm war schlecht. Sein Vater fand ihn neben der Grube im Gras, und vielleicht war es das letzte Mal, dass Heinrich Scholl hoffte, er würde getröstet werden wie andere Kinder, wenn ihnen etwas Schlimmes passiert war. Die Schläge seines Vaters hat er nie vergessen. Als Erich Scholl starb, wenige Jahre später, vergoss sein Sohn keine Träne.«

Die Balance zwischen Autorität und Aktivität bestimmte auch sein Erwachsenenleben. Wie in der DDR üblich, heiratete Heinrich Scholl früh, Ende 1964. Seine Frau Brigitte brachte einen Sohn mit in die Ehe. Sie lernte zeitig von ihrer tatkräftigen Mutter, Chefin des ersten Friseursalons in Ludwigsfelde, dass es besser sei, in der Ehe die Hosen anzuhaben. Nach der DDR machte sich Brigitte Scholl als Kosmetikerin selbständig. Er suchte sich als Provinz-Don-Juan seine kleinen Freiheiten. Die Gattin hielt das sowohl unter der Decke als auch im Auge.

Als Ingenieur im IFA-Werk brachte es Heinrich Scholl bis in eine leitende Stellung mit Kontakten zu Geschäftspartnern aus dem »Nichtsozialistischen Ausland«. Die schwedischen Autobauer von Volvo waren am Lkw-Geschäft interessiert. Als Heinrich Scholl im Beisein schwedischer Handelspartner einmal erklärte, eine geplante Investition sei für das W50-Werk eigentlich ökonomischer Unsinn, brachte ihm das einen Verweis wegen »politischer Sabotage« ein. Er kündigte und wurde »Techniker« für die Sportanlagen der Stadt.

Mit dem Zusammenbruch der DDR stellte sich diese abgebrochene Karriere als beste Startrampe in ein neues Leben heraus. Berlins SPD-Politiker Klaus Wowereit, später Regierender Bürgermeister der wiedervereinigten Stadt, protegierte den aufstrebenden Politiker. »Lu« lag nun im »Speckgürtel« der Hauptstadt, und nach dem holprigen Start durch den Verlust der alten IFA-Arbeitsplätze ging es langsam bergauf. Heinrich Scholl genoss es, der SPD-Vorzeigepolitiker für den »Aufschwung Ost« in Brandenburg zu sein.

Am 29. Dezember 2011 schien ihn das Unglück eingeholt zu haben. Gegen zwanzig Uhr meldete der aufgeregte Mann seine Frau Brigitte als vermisst. Sie sei wie immer mit dem Cockerspaniel Ursus im nahem Wald auf dem gewohnten Weg spazieren gegangen und nicht zurückgekommen. Er telefonierte mit den Nachbarn, um nach ihr zu fragen, und ging selbst auf die Suche.

Einen Tag später fand der unglückliche Gatte die Leiche seiner Frau im Wald, halb entkleidet, flüchtig mit Grasbüscheln und Moos bedeckt. Das Gesicht war so entstellt, dass erst eine DNA-Probe ihre Identität bestätigte. Der getötete Hund lag neben ihr. Brigitte Scholls silberfarbener Mercedes stand in einem Wohnviertel in Ludwigsfelde.

Am 24. Januar wurde sie auf dem städtischen Friedhof im Urnengrab 146 beigesetzt. »In tiefer Trauer. Dein Heiner«, stand in goldener Schrift auf der Schleife seiner Trauerblumen. Tags darauf, um sechs Uhr früh, verhaftete die Polizei Heinrich Scholl in seinem Haus in der Walter-Rathenau-Straße.

Fast ein Jahr später, am 18. Oktober 2012, begann

vor dem Landgericht Potsdam der Prozess wegen heimtückischen Mordes gegen Heinrich Scholl. Die Staatsanwaltschaft warf ihm vor, beim gemeinsamen Spaziergang seine Ehefrau »unvermittelt von hinten mit einem Schnürsenkel um den Hals« erdrosselt, ihr eine Plastiktüte über das Gesicht gezogen und diese am Hals mit der Hundeleine sowie einem Stück Seil fixiert zu haben. Danach folgten Faustschläge ins Gesicht der Wehrlosen. Den Cockerspaniel soll der Angeklagte ebenfalls mit einem Strick getötet haben.

Als Motiv sah Staatsanwalt Gerd Heininger die zerrüttete Ehe. Er meinte, Brigitte Scholl habe sich zunächst mit dem Doppelleben ihres Mannes arrangiert, dann sei alles jedoch eskaliert. Nach seiner Rückkehr ins Haus nach Ludwigsfelde musste er im Keller schlafen und wurde von ihr lückenlos kontrolliert.

Heinrich Scholl stritt die Tat rundweg ab. Er behauptete, zur Zeit des Mordes in der Ludwigsfelder »Kristalltherme« gewesen zu sein. Dafür suchte er sogar mit einer Annonce im Anzeigenblatt *Blickpunkt* Zeugen. Neben seinem Foto fragte der Verdächtige: »Wie Sie aus Funk, Presse und Fernsehen erfahren haben, werde ich, Heinrich Scholl, verdächtigt, meine Frau und unseren Hund getötet zu haben. Ich befinde mich deshalb seit dem 25. Januar 2012 in Untersuchungshaft. Ich bitte Sie um Ihre Mithilfe. Hat mich jemand am 29. Dezember 2011 in der Zeit von 12 Uhr bis 13.10 Uhr in oder auf dem Gelände der Therme in Ludwigsfelde gesehen? (…)«

Zeugen gab es Dutzende, doch bei den genauen

Zeitangaben widersprachen sie sich. Deshalb überzeugten vor allem die Indizien das Gericht: Neben der Handyortung, wonach Heinrich Scholl zur Tatzeit in der Nähe des Tatorts gewesen sein musste, gab es DNA-Spuren am Schnürsenkel und an seiner Kleidung.

Auch die Aussage der sechsunddreißigjährigen thailändischen Geliebten erbrachte keine Entlastung. Sie ließ ahnen, dass sie seine Gefühle nicht erwiderte, sondern in dem Mann eher eine lukrative Einnahmequelle sah. Heinrich Scholl hatte ihre Wohnung eingerichtet, beglich 4.000 Euro Schulden für sie und überhäufte die Frau mit teuren Geschenken. Insgesamt habe sie Zuwendungen im Wert von 40.000 Euro erhalten, erklärte die Thailänderin dem Gericht. Ihrer Arbeitskollegin gegenüber sprach sie einmal von 70.000 Euro, insistierten die Richter: Das könne auch sein, so genau wisse sie das nicht, erklärte die Zeugin und zuckte gleichgültig mit den Achseln. »Er war nervig«, beschrieb sie das Verhältnis zu Heinrich Scholl, den sie der Einfachheit halber »Henry« nannte. Er habe sich »in ihr Leben eingemischt«, ihr keine »Privatsphäre« gelassen. Und: »Herr Scholl hatte nur Sex im Kopf.« Ansonsten blieb sie in ihrer Aussage vage: »In Thailand sagt man: Er lächelt, aber man weiß nicht, was er auf dem Herzen trägt.« »Henry« habe oft gelächelt, aber seine Augen hätten eine andere Sprache gesprochen. »Ich weiß nicht, wie schlecht er ist oder war.«

Nach einunddreißig Verhandlungstagen über sieben Monate, mehr als hundert Zeugenaussagen und sieben Sachverständigengutachten verurteilte das Landgericht Potsdam Heinrich Scholl am 7. März 2013 wegen Mordes zu einer lebenslangen Haftstrafe. Mit Beschluss vom 22. Januar 2014 verwarf der Bundesgerichtshof die Revision des Angeklagten als unbegründet. Das Urteil war damit rechtskräftig.

Auch andere Gewinner der Wende wurden danach zu Verlierern im Leben, manche von ihnen beendeten es deshalb von eigener Hand. Suizid ist im deutschen Strafgesetzbuch nicht als Tat zu finden. Trotzdem spricht man von Selbstmord, manchmal mit vorangegangenem Rufmord verbunden. All das spielt sich in einem sozialen Umfeld ab, das seinen Einfluss auf das Geschehen ausübt. Wie tragisch so etwas ausgehen kann, illustrierte das Schicksal des Arztes und Fraktionsvorsitzenden von Bündnis 90/Die Grünen in der Bezirksverordnetenversammlung Berlin-Lichtenberg, Dr. Rudolf Mucke.

Die Daten über das Ende seines Lebens sind schnell erzählt: Am 21. November 1994 wurde der Mediziner vor die »Ehrenkommission« seines Arbeitgebers, der Ostberliner Charité, zu einer Anhörung bestellt. Am 6. Januar 1995 bekam er einen Brief dieser Kommission. Am 15. Januar wurde seine Leiche auf den S-Bahngleisen nahe des Bahnhofs Berlin-Grünau gefunden. Der wahrscheinliche Tag seines Selbstmords war der 14. Januar, ein Samstag. Da ließ er sich von einem Bekannten die Haare schneiden, danach wurde Rudolf Mucke nicht mehr gesehen.

Was steckt hinter dieser Geschichte?

Wie anderswo in der verflossenen DDR auch, überprüfte damals die »Ehrenkommission« der Charité die Mitarbeiter des Hauses auf eine eventuelle frühere Stasitätigkeit. Das Ziel: Belastete Mitarbeiter sollten entfernt werden. Zu den Befragungen der Kommission wurden inzwischen zugängliche Akten der Stasi-Unterlagenbehörde hinzugezogen. Ihre Tagungen blieben geheim. Die Funktion dieser Einrichtung beschrieb deren Vorsitzender, Dr. Bert Flemming, ebenfalls Arzt an der Charité, im Januar 1992 in dem Buch *Die Charité. 1945–1992. Ein Mythos von innen*: »Wir wussten, wir können keinen Ort der Gerechtigkeit schaffen, aber wir müssen einen Ort der Begegnung und der Diskussionsmöglichkeiten für diese Fragen der Vergangenheit haben. Die Öffentlichkeit ist dafür nicht sehr geeignet. Es sollte zwar das Ziel sein, es öffentlich zu diskutieren, aber vorher muss man den Leuten erst mal wieder die Gewissheit geben, dass sie kommen und über alles vertraulich reden können.«

Diese Gelegenheit ergriff Dr. Rudolf Mucke beim Schopf. Er hatte sich ja auch nichts vorzuwerfen, war nie in der SED, nicht einmal in der FDJ, löste 1989 die Stasi mit auf, saß am Runden Tisch und engagierte sich als kommunaler Abgeordneter. Als einziger seines Bereichs Arbeitsmedizin verfügte er über einen langfristigen Arbeitsvertrag, und im persönlichen Leben ging es ebenfalls steil bergauf. Ein Haus war gekauft, eine Karibikreise gemacht, und natürlich stand auch ein neues Auto vor der Tür. Rudolf Mucke war ein Gewinner der Wende.

Freimütig berichtete der selbstbewusste, manchmal sogar etwas laute Mann von seiner persönlichen Episode mit der Stasi, die ihn von April bis Juli 1975 beschäftigte.

Damals, Anfang der 1970er Jahre, hatte er mit ein paar früheren Kommilitonen der Technischen Hochschule Ilmenau in der Grünberger Straße in Ostberlin einen Jugendklub aufgebaut. Die jungen Leute renovierten einen leerstehenden Laden, veranstalteten dort Lesungen und Ausstellungen, diskutierten über Gott und die Welt und feierten hin und wieder. Vielleicht weil die Boxhagener Straße nahe lag, nannten sie ihren Klub einfach »BOX«. Im März 1975 verirrte sich zufällig Lord Knud, der Discjockey vom Westberliner RIAS, dorthin. Er suchte im Ostteil der Stadt immer mal wieder nach alternativen Szenen. In einer seiner folgenden Sendungen berichtete er begeistert über die »BOX«.

Wenig später stand die Stasi bei Rudolf Mucke auf der Matte. Der Klub wurde wegen »konterrevolutionärer Umtriebe« geschlossen.

Nun war guter Rat teuer, doch den jungen Leuten, die auf das Beisammensein nicht so einfach verzichten wollten, kam eine Idee: Man muss mit den Wölfen heulen! Eberhard Storch, damals Chef der »BOX«, erinnerte sich: »Da haben wir dann Rudi beauftragt, der Stasi zu beweisen, dass wir hier keine Konterrevolution machen wollen, sondern Kultur. Wir gaben ihm Programme und Tonbandmitschnitte mit, die er den Stasileuten überreichen sollte. Rudi hat in unserem

Auftrag mit denen gesprochen.« Daraufhin durfte die »BOX« weitermachen.

Bei der Stasi war man über die vermeintliche »Kooperationsbereitschaft« Rudolf Muckes hoch erfreut. Sofort wurde ein »IM-Verlauf« angelegt, er sollte also »Inoffizieller Mitarbeiter« werden. Doch so weit ging die »Freundschaft« nun auch wieder nicht: Rudolf Mucke berichtete seinen Freunden über jedes Treffen, sagte den Stasiabgesandten deutlich, dass er niemanden verpfeifen würde, und unterschrieb natürlich auch nichts. Die Stasi drohte mit Unannehmlichkeiten, aber Rudolf Mucke blieb hart. Nach ein paar Wochen notierte sie in der Akte: »Keine Bereitschaft zur weiteren Zusammenarbeit. Dekonspirierte die Zusammenarbeit mit dem MfS.« Damit war die Sache erledigt.

All das berichtete Rudolf Mucke nun auch der Ehrenkommission. Sein Chef, Professor Klaus Ruppe, wunderte sich: »Ich habe nie verstanden, wie er so naiv in dieses Gespräch gehen konnte. Statt sich taktisch zu verhalten, hat er frank und frei geplaudert, als sitze er in der Kneipe. Er hatte einfach ein völlig reines Gewissen.« Auch der Kommissionsvorsitzende, Dr. Bert Flemming, zeigte sich später ratlos: »Vielleicht hat er die Signale, die von unseren Fragen ausgingen, überhört.«

Zu diesen »Signalen« gehörte, dass die Kommission eben keine harmlose Begegnungsstätte, sondern ein Ort der Selektion war. Zu Rudolf Mucke lag eine Auskunft der Stasi-Unterlagenbehörde vor. Sie vermerkte die »Einstellung der Zusammenarbeit« durch die

Stasi, aber davor stand eben logischerweise auch die vermeintliche »Zusammenarbeit«.

Mit der Stasi hatte Kommissionsvorsitzender Bert Flemming in der DDR seine ganz eigenen Erfahrungen gemacht. Durch die Fahrlässigkeit eines seiner Nachbarn in der Leipziger Straße 46 – ein Teppich wurde vom Balkon des Hochhauses geworfen – erlitt seine Frau Barbara am 11. November 1978 gegen dreiundzwanzig Uhr schwerwiegende Verletzungen. In dem Haus wohnten vor allem MfS-Mitarbeiter und DDR-Funktionäre. Deshalb wurden die polizeilichen Ermittlungen zum Unfall unterdrückt und Mitte 1980 endgültig eingestellt. Dr. Flemming sollte sogar seine Wohnung dort verlieren, doch das ließ sich abwenden.

Einem manifesten Stasiopfer stand nun also ein vermuteter Stasitäter gegenüber. Das dürfte Rudolf Mucke nicht so gesehen haben, denn er war ja aus seiner Sicht kein »Täter«. Dass es einen als belastbar interpretierbaren Bescheid aus der Stasi-Unterlagenbehörde gegen ihn gab, war ihm bekannt. Am 14. Dezember 1994 brachte die Lichtenberger SPD-Fraktion, zu deren Mitgliedern damals auch Barbara Flemming zählte, einen Antrag ein, nach dem Abgeordnete, die früher mit der DDR-Staatssicherheit liiert waren, ihr Mandat niederlegen sollten. Seine Fraktion sprach Dr. Mucke daraufhin in Kenntnis des Stasivorwurfs erneut das Vertrauen aus. Ratsmitglied Werner Carlin (Bündnis 90/Die Grünen) bestätigte: »Ich fand, dass die Fakten eher für Rudolf sprachen als gegen ihn.

Immerhin hat er den Anwerbungsversuchen des MfS eindeutig widerstanden.«

Aus diesem Ablauf der Ereignisse könnte der Eindruck von Befangenheit des Vorsitzenden der Charité-Ehrenkommission entstehen. Sie wäre jedoch nicht zu beanstanden, denn eine solche Kommission war kein Gericht. Dennoch machte sich Bert Flemming nach dem Tod Rudolf Muckes darüber Gedanken: »Ich habe ja gesagt, dass ich befangen bin. Ich kannte Dr. Mucke ja. Wir waren praktisch Nachbarn ins Karlshorst. Deswegen habe ich in der Ehrenkommission nicht mit abgestimmt. Außerdem war ich über weite Strecken der Anhörung gar nicht anwesend. Unterschreiben musste ich. Das gehörte ja zu meiner Aufgabe.«

Was dort unterschrieben wurde, endete in der Schlussfolgerung: »Nach Beratung und Abstimmung kommt der Ehrenausschuss mehrheitlich zu der Meinung, dass eine Weiterbeschäftigung von Herrn Mucke für die Humboldt-Universität unzumutbar ist.« Das Wort »unzumutbar« war unterstrichen, die Uni-Präsidentin dem Votum vom 6. Januar 1995 bereits gefolgt. Danach verreiste sie. Ein Brandbrief von Dr. Rudolf Mucke, in dem er ein letztes Mal versuchte, die Unhaltbarkeit der Anschuldigung deutlich zu machen, blieb von ihr zunächst ungelesen.

Eine Woche später sprang Rudolf Mucke auf die Gleise.

Der Vorsitzende der Ehrenkommission resümierte: »Wir haben ja kein Urteil gefällt, sondern eine Empfehlung gegeben. Die hätte ja nicht befolgt werden müssen.« Dem Journalisten Alexander Osang von der *Berliner Zeitung* diktierte Dr. Bert Flemming später in den Block: »Schreiben Sie: Ich habe mich beschissen gefühlt, als ich von Muckes Tod hörte.«

Bankraub in Serie

Ostdeutschland als Eldorado für Räuber

Die Einführung der DM in der DDR war gerade einmal eine gute Woche alt, als es wegen der nun harten Währung den ersten Versuch eines Bankraubs gab. Allerdings stellte sich der Räuber noch ziemlich ungeschickt dabei an. Am 9. Juli 1990 meldeten verschiedene Zeitungen: »Zu einer peinlichen Pleite für den Täter ist der erste Banküberfall in der DDR nach der Währungsunion geworden. Am Freitagvormittag hatte ein etwa 30 bis 35 Jahre alter Mann die Sparkasse Herzfelde im Kreis Strausberg bei Berlin überfallen und nach Angaben einer Angestellten ›mit einem pistolenähnlichen Gegenstand‹ die Herausgabe von Geld gefordert. Die Kassiererin packte dem Mann jedoch nicht die begehrten D-Mark-Scheine ein, sondern alte DDR-Mark in Höhe von etwa 2.000 Mark. Mit der Beute ergriff der Täter zu Fuß die Flucht. Anderthalb Stunden später stellten die Geldinstitute die Annahme von DDR-Geld ein.«

Dieses Missgeschick blieb einmalig. Schnell wuchs die Beute. Bereits am 12. Juli 1990 war zu lesen: »Bei einem Banküberfall haben zwei maskierte Männer am Dienstag in der Sparkasse Eldena (Kreis Ludwigslust) in Mecklenburg 65.000 D-Mark erbeutet.« In der Sparkasse Roßlau waren es am 9. August 1990 rund

70.000 DM. Die Zweigstelle Letzlingen der Sparkasse in Gardelegen musste einen Tag später 17.315 DM als Verlust verbuchen. Nach der Währungsunion registrierte die Polizei im Durchschnitt vier Banküberfälle oder entsprechende Versuche pro Tag.

Damit war sie völlig überfordert, denn aus DDR-Zeiten kannte kaum jemand Banküberfalle. Gerhard Rogalla, damals bei der Kripo Neubrandenburg, erinnerte sich an die ersten Taten in seinem Revier in Wredenhagen und Cölpin: »Banküberfälle gab es in dieser Form meines Wissens nach in der DDR gar nicht. Es kann natürlich den einen oder anderen gegeben haben, aber das war so was von selten und so was von die Ausnahme, dass es nicht mal bis zu uns durchgedrungen ist, und das war natürlich ein total neues Phänomen.«

Offenbar auch für die Kriminellen, denn manche ihrer Aktionen erinnerten an Krimi-Klischees. Zum Beispiel am 18. September 1990: An einer Straßensperre auf der F 180 versuchte ein weißer Trabi mit Leipziger Nummer durchzubrechen. Die drei Bankräuber hatten gerade 30.000 DM in der Sparkassenfiliale der Gemeinde Pölzig erbeutet. Die Volkspolizisten schossen. Heinz Reichpietsch von der Geraer Polizei: »Dabei wurden zwei der Räuber verletzt und daraufhin von ihrem Komplizen aus dem Auto geworfen.«

Bereits im Herbst 1990 wurde es dann aber auch richtig ernst. Am 7. September berichtete die Presse: »Der jüngste Banküberfall in der DDR forderte gestern das erste Todesopfer bei Geldräubereien seit Einführung der Westmark: Bei einem Überfall auf eine Zweigstelle der Deutschen Bank in Chemnitz eröffneten zwei Bankräuber das Feuer, als sie von Streifenpolizisten gestellt wurden. Ein Polizist machte ebenfalls von der Waffe Gebrauch und fügte einem der Verbrecher Verletzungen zu, an denen er im Krankenhaus starb. Der andere konnte unversehrt festgenommen werden. Die beiden Polizisten blieben ebenfalls unverletzt.«

Der erste Raubmord folgte am 17. Januar 1991 in der Sparkasse der kleinen brandenburgischen Stadt Meyenburg. Während der Geschäftszeit drangen zwei Männer in die Filiale am Wilhelmsplatz ein. Der damalige Mordermittler André Neumann bearbeitete den Fall: »Sie hatten Waffen dabei, bedrohten damit die Bankangestellten und die drei Kunden. Dann ist einer über den Tresen gesprungen und hat von hinter dem Tresen die Angestellten bedroht.« Vor der Sparkasse stellten zufällig zwei Bauarbeiter der Stadt gerade ein Schild auf. Sie hörten den ungewöhnlichen Lärm, bewaffneten sich mit einem Kuhfuß und einem Vorschlaghammer und rannten ins Gebäude. Einer von ihnen wurde von einem Bankräuber niedergeschlagen, der zweite stellte sich den Flüchtenden in den Weg und riss einem der Männer die Strumpfmaske vom Kopf. Was dann geschah, berichtete eine Augenzeugin: »Dann haben sie ihn überwältigt. Aber er rappelte sich wieder auf, schlug einem der Täter die Brechstange in den Rücken. Der strauchelte, drehte sich im Fallen um und schoss.« Der Siebenundvierzigjährige verblutete an seinen Wunden.

Den Räubern gelang es, mit 11.000 DM Beute in einem weißen, zuvor gestohlenen Golf zu fliehen. Ermittler André Neumann: »Im Fluchtfahrzeug war am Schaltknauf eine Blutspur, und des Weiteren hatten wir einen Fingerabdruck an der Fahrzeugtür.« Und dann waren da noch die gefundenen Strumpfmasken. Trotzdem führte keine der Spuren zu einem Täter. Die Ermittlungen wurden eingestellt – bis sechzehn Jahre später ein Mann in einer früheren LPG-Kantine mit der Tat prahlte. Schnell stellte er sich als Angeber heraus, aber für den Kriminalisten André Neumann war es der Anlass, dem Banküberfall und dem Mord erneut nachzugehen. Nun halfen die neuen Methoden der DNA-Analyse. Die auf der Maske gesicherten Spuren führten nach Uelzen zu Gastwirt Klaus B., inzwischen sechzig Jahre alt.

Er lebte seit Jahren unauffällig, hatte aber bereits 1984 eine Bank mit einer Gaspistole überfallen. Mitte der 1990er Jahre wurde er wegen Autoschieberei und gefälschten Papieren verurteilt. Die Polizei verdächtigte ihn und seinen Komplizen Manfred M., auch für die Überfälle am 14. Februar 1991 in Kroppenstedt und am 11. März in Schneidlingen, beides Orte in Sachsen-Anhalt, verantwortlich gewesen zu sein. Manfred M. konnte nichts mehr sagen. Er war am 23. März 1991 in Wolfsburg verhaftet worden, floh während eines Gefangenentransports und erschoss sich Ende Juni 1991 selbst, bevor er wieder gefasst werden konnte.

Ab dem 29. Oktober 2008 musste sich Klaus B. in einem Indizienprozess vor dem Landgericht Neuruppin verantworten. Am Ende stand ein erstinstanzliches Urteil zu lebenslanger Haft. Der Vorsitzende Richter Gerd Wegner erklärte jedoch, die Strafkammer gehe davon aus, dass die tödliche Kugel nicht aus der Waffe von Klaus B. stammte: »Aber wir wissen, dass beide Täter geschossen haben.« Über eine mögliche Revisionsentscheidung wurde nichts bekannt.

In vielen Fällen erhöhte sich nun auch die Beute bei derartigen Überfällen. Bereits am 20. Oktober 1990 meldete die *Berliner Zeitung*: »Über 700.000 Mark – die bisher größte Geldmenge bei einem Banküberfall im Osten Deutschlands – haben am Donnerstagabend zwei maskierte Männer bei einem Sparkassenüberfall in Leipzig erbeutet. Nach Angaben der Polizei hielten die mit Pistole und Winchester-Gewehr bewaffneten Täter kurz vor Kassenschluss die Kunden und Angestellten einer Sparkassen-Zweigstelle im Leipziger Norden rund vier Minuten lang in Schach und zwangen die Kassiererin, den Tresorinhalt herauszugeben. Anschließend flüchteten sie per Auto. Ihr als gestohlen gemeldetes Fluchtfahrzeug wurde wenig später gefunden.«

Die Summe sei »ein erster trauriger Rekord«, erklärte die Polizei. Schon am 25. Juni 1992 wurde er gebrochen, als beim Überfall auf einen Geldtransporter in Bernau die Räuber 3,5 Millionen Mark erbeuteten. Frank L., vierzig Jahre alt, vormals einer der Leibwächter Erich Honeckers und nun Wachmann bei der Transportfirma, wurde dabei erschossen.

Geklärt werden konnte ein Teil dieser Tat erst, nachdem ein wegen schweren Raubes einsitzender sechzig-
jähriger Mann am 15. März 2012 ein Geständnis ab-
legte. Er hatte im März 2003 auf der Bundesstraße 189
in Dolle (Ohrekreis) einen Geldtransporter überfallen
und 2,7 Millionen Euro erbeutet. Ein Wachmann wurde mit mehreren Schüssen verletzt. Im März 2007 verurteilte das Landgericht Halle den gelernten Schrift-
setzer und Karatekämpfer dafür zu dreizehn Jahren
Haft, die er derweil absaß. Sein an der Tat beteiligter
sechsunddreißigjähriger Sohn kam mit neun Monaten
wegen unerlaubten Waffenbesitzes davon. Man konnte ihm nichts beweisen. Eine DNA-Spur brachte zwanzig Jahre nach dem Raubüberfall in Bernau nun die
Polizei auf die Spur des bereits im Gefängnis sitzenden
Täters. Im März 2012 stand er deshalb vor dem Landgericht Frankfurt (Oder) – und machte einen Deal: Er
gestand, in Bernau dabei gewesen zu sein, sagte aber
nichts zu seinen Komplizen und zum Verbleib der
Beute. Der Vorsitzende Richter Matthias Fuchs sum-
mierte die bereits laufende mit der neuen Strafe auf
insgesamt fünfzehn Jahre Haft. Staatsanwältin Anette
Bargenda resümierte: »Sein ganzes Leben war davon
bestimmt, das ganz große Ding zu machen.« Mit seiner Intelligenz hätte er ein »ehrbares Leben« führen
können, sagte sie unter Verweis darauf, dass er im Gefängnis das Abitur nachgeholt und später Erziehungs-
wissenschaften studiert hatte.

Die Polizei ahnte damals, im Sommer 1992, nicht,
dass sie es mit einer Bande von mindestens zweiund-

vierzig Gangstern und ihren Helfershelfern zu tun bekommen würde. Sie erbeutete am Ende zwischen 1992 und 2008 allein im Osten mehr als zehn Millionen Euro. Ein beträchtlicher Teil des Geldes ist bis heute verschwunden.

Ihren größten Coup landeten drei Bandenmitglieder am 15. Februar 1997 in der Lychener Filiale der Sparkasse Uckermark. Nach dem Zehn-Minuten-Überfall flohen sie mit 589.680 DM. Stadtchronist Eberhard Kaulich notierte den Bericht einer damaligen Angestellten: »Wir hatten bereits die Türen zugeschlossen. Das muss so gegen zwanzig nach sechs gewesen sein. Plötzlich stürzten drei Männer, recht klein, mit Gesichtsmasken und Integralhelm bewaffnet, je eine Pistole in der Hand, in den Schalterraum und forderten energisch: ›Geld! Geld!‹ Es ging so blitzschnell. Alarm konnte keiner mehr geben.« Die Gangster sperrten die Bank-Frauen in die Toilette, und es dauerte eine halbe Stunde, bis jemand deren Klopfzeichen hörte und die Polizei alarmierte.

Endlich gab es aber auch eine erste heiße Spur. Die Täter hatten in ihrem Fluchtfahrzeug eine Tankquittung hinterlassen. Auf der Überwachungskamera der Tankstelle fanden sich ihre Bilder.

So kam die Polizei dem Usedomer Dietmar T. auf die Spur. Der ehemalige Leistungssportler, von seinen Freunden nach dem tschechischen Läufer »Zatopek« genannt, gründete bereits 1992 mit dem Stralsunder Andreas »Andi« R. seine Bande. Die beiden gelernten Schweißer hatten bis 1993 schon rund fünf Millionen

Mark erbeutet, bevor sie das erste Mal verhaftet wurden.

Für Kriminalhauptkommissar Siegfried Lauterbach aus Ahlbeck war Dietmar T. ein alter Bekannter aus DDR-Zeiten: »Vor der Wende hatten er und ein Partner die Masche, sich als gut aussehende Männer abends in eine Bar zu setzen und die Bekanntschaft eines Pärchens zu machen.« So erfuhren sie, woher die Urlauber kamen, reisten in deren Heimatort und räumten in aller Ruhe die Wohnung aus. Das brachte »Zatopek« Ende der 1980er Jahre die erste Haftstrafe ein. Durch die neue Gesetzgebung nach der Einheit wurde er bereits 1992 entlassen. Nun kam Dietmar T. auf eine neue Idee. Kriminalist Lauterbach: »Er begann zunächst, Raiffeisenbanken aufzusuchen und die Tresore zu entwenden … Insgesamt, so unsere Ermittlungen in den Neunzigern, waren es 102 Tresore.« Das war den Gangstern schnell eine zu schwere Arbeit, und bald begannen sie, das Geld direkt am Banktresen zu erbeuten.

Dabei tappten die Bankräuber Dietmar T. und Andreas R. 1993 zum ersten Mal in eine Falle der Polizei. Im August des Jahres brach »Zatopek« jedoch aus der U-Haft in Stralsund aus. Ihm kam dabei zugute, dass die derweil in Schwerin gegründete SOKO »Tresor« Mitte 1993 ihre Ermittlungen einstellen musste, weil der RAF-Fall von Bad Kleinen Vorrang hatte. Zwei Monate später befreite er seinen Mittäter »Andi«, der einen Selbstmord vorgetäuscht hatte und deshalb, statt im Gefängnis zu sitzen, im Kreiskrankenhaus Prenzlau lag.

Nun legten die beiden mit wechselnden Ganoven-kollegen richtig los. Sie baldowerten schlecht gesicher-te ostdeutsche Banken aus, erkundeten die Anfahrts-zeiten der Polizei und schlugen besonders am langen Donnerstagabend zu, wenn die Tresore gut gefüllt wa-ren.

Dietmar T. musste sich zwar zwischenzeitlich zur Verbüßung seiner Reststrafe stellen, aber das hinderte ihn nicht, als Freigänger im Gefängnis Berlin-Düp-pel weiter mit Andreas R. seine Überfälle zu begehen. Nach einer Attacke auf die Kreissparkasse in Ahrens-hagen im April 1996 fuhr ihn »Andi« so schnell auf der Autobahn nach Berlin, dass er geblitzt wurde und für einen Monat seinen Führerschein verlor. Im Knast drohte der Zapfenstreich, und ein Zuspätkommen hätte ein Streichen des Freigangs zur Folge gehabt. Die Polizei führte das Blitzerfoto jedoch nicht auf die Spur der Räuber – bis es die heiße Spur nach dem Überfall in Lychen gab.

Ende Mai 1997 fiel »Zatopek« im brandenburgi-schen Lunow bei einer Verkehrskontrolle auf. Trotz-dem überfiel er mit »Andi« tags darauf mit drei wei-teren Komplizen die örtliche Sparkasse. Die beiden entkamen, aber die anderen wurden geschnappt, und Komplize Klaus-Jürgen F. »sang«. Der damals an den Ermittlungen beteiligte Oberstaatsanwalt Ulrich Scherding erinnerte sich daran, wie sich dank dieses Verhörs nach und nach die Puzzleteile zusammen-setzten: »Sie suchten schlecht gesicherte Banken mit langen Anfahrtswegen für die Polizei aus, wie zum

Beispiel die Sparkasse Wredenhagen im Mai 1993. In der Regel haben drei Männer die Bank überfallen, während sich an jeder Zufahrtsstraße ein Wachposten positionierte, um per Handy mitzuteilen, wenn die Polizei kommt und aus welcher Richtung, damit noch genügend Zeit für die Flucht blieb.« Für seine Aussagen kam Klaus-Jürgen F. in ein Zeugenschutzprogramm.

Zielfahnder fassten Dietmar T. im August 1997 in Berlin-Reinickendorf. In zwei Prozessen bekam er insgesamt siebzehn Jahre Haft. Andreas R. wurde seine Leidenschaft für eine russische Prostituierte zum Verhängnis. Aus Eifersucht verriet sein Nebenbuhler seinen Aufenthaltsort, und im Juni 1997 klickten in Berlin-Pankow die Handschellen. »Andi« gab mehr als vierzig Überfälle zu und berichtete auch von siebzehn bereits geplanten, dann aber abgebrochenen Taten. Deshalb kam er mit neun Jahren und drei Monaten Gefängnis davon.

Dietmar T. zeichnete sich offenbar durch eine so gute Führung aus, dass er bereits im Februar 2008 wieder entlassen wurde. Wenig später veröffentlichte die Polizeidirektion Gotha einen Fahndungsaufruf: »Am Dienstag, 19.02.08, gegen 18.00 Uhr, überfielen drei unbekannte männliche Täter die Zweigstelle der Ilmkreissparkasse in Schmiedefeld ... Die Täter flüchteten vom Tatort in unbekannte Richtung mit einem silberfarbenen Pkw-Kombi Seat Aleta, amtliches Kennzeichen IK–IF 92 ...« Wie sich später herausstellte, betrug die Beute 183.000 Euro.

Eine Angestellte konnte den »stillen Alarm« auslösen, doch bevor die Polizei am Tatort erschien, räumten die Räuber noch in aller Ruhe den Tresor aus und verschwanden.

Das sah nach der Handschrift von Dietmar T. aus. Für Kriminalist Siegfried Lauterbach war der Fall klar, denn er hatte so viele Videos des Bankräubers gesehen, dass er ihn trotz Maskierung an seiner Körperhaltung erkannte. In Schmiedefeld gab es jedoch noch einen ganz besonderen Zwischenfall. Wie die Überwachungskamera zeigte, brach einer der Männer in der Bank plötzlich zusammen. Seine Komplizen zogen ihn ins Freie und nahmen ihn mit. Die Polizei fand am nächsten Tag das Fluchtfahrzeug, und darin lag eine Brille. Auf ihr konnten DNA-Spuren gesichert werden, die auf Werner M. hinwiesen. Doch der Mann blieb wie vom Erdboden verschluckt.

Trotz intensiver Fahndung folgten nun mindestens fünf weitere Banküberfälle mit einer Gesamtbeute von mehr als 600.000 Euro. Dennoch gelang es der Polizei dieses Mal schneller, Dietmar T. und seine Komplizen dingfest zu machen. Im September 2009 konnten fünfzehn Bankräuber, darunter auch »Zatopek«, verhaftet werden.

Der Prozess vor dem Landgericht Stralsund endete für ihn mit einer Strafe zu elf Jahren Haft. Wenn sie verbüßt ist, genießt Dietmar T. sein inzwischen fortgeschrittenes Rentenalter, so dass das Gewerbe des Bankräubers dann ganz einfach zu anstrengend für ihn sein dürfte.

Geklärt werden konnte im Prozess auch der Verbleib des verschwundenen Werner M. – er hatte während des Überfalls einen Herzinfarkt erlitten und war wenig später verstorben. Daraufhin verschnürten seine Komplizen die Leiche und versenkten sie in einem See. Dietmar T. gab den Tipp, wo man suchen müsse, und tatsächlich fanden Polizeitaucher im Grimnitzsee bei Joachimsthal die Leiche.

Im Bankraubgeschehen jener Jahre blieben »Zatopek« und »Andi« nicht die einzigen, die zunächst bevorzugt im Osten, dann aber auch im gesamten Bundesgebiet tätig wurden. Mehrere Banden hatten sich zu einem »Netzwerk« zusammengeschlossen und agierten mit gegenseitiger Absprache und Unterstützung. Manche ostdeutsche Geldinstitute wurden gleich mehrfach überfallen. In Woltersdorf geschah es in den 1990er Jahren zum Beispiel zweimal und erbrachte eine Beute von über 600.000 Mark.

Beim »Spitzenreiter«, der Sparkasse im brandenburgischen Glienicke, erlebte Filialleiterin Lieselotte Flauß, seit 1956 Sparkassenangestellte, gleich acht von elf Raubzügen mit. Auch ihr fiel auf, dass manche »Kunden« offenbar mehrfach kamen: »Beim achten Überfall, dem mit der Schrotflinte, sagte der Mann ganz enttäuscht: ›Beim letzten Mal war aber mehr Geld da!‹«

Trotz der Millionensummen, die spurlos verschwanden, gab es auch ziemlich dämliche Geldräuber. Einige hatten es auf das Postamt in der Berliner Straße in Lychen abgesehen, weil sie dort Bares vermuteten. Dabei übersahen sie, dass die Post das Amt am 26. August 2003 geschlossen hatte. Am 4. September 2003 meldete der Polizeibericht: »Die Einbrecher hebelten das Gitter auf, schlugen mehrere Türen ein und standen schließlich nur vor leeren Schränken. Der verursachte Sachschaden war allerdings erheblich. Er wurde auf 1.000 Euro geschätzt.«

»… aber anderen habe ich geholfen«

Wie eine Krankenschwester sechs Patienten tötete

Als Irene Becker mit ihrer Theatergruppe Fjodor Dostojewskis Klassiker *Schuld und Sühne* aufführte, war die neue deutsche Übersetzung in *Verbrechen und Strafe* noch gewöhnungsbedürftig. Für die Laienspieltruppe aus dem Frauengefängnis Berlin-Pankow mag das von geringerer Bedeutung gewesen sein. Irene Becker dürfte jedoch die Hauptfigur Raskolnikow fasziniert haben. »Der Gespaltene« – so die Übersetzung des russischen Namens – entwickelte im Sankt Petersburg des Jahres 1860 seine Idee des »erlaubten Mordes«. Er gehöre zu den Privilegien der »›außergewöhnlichen‹ Menschen, die im Sinne des allgemein-menschlichen Fortschritts natürliche Vorrechte genießen«.

Dieses Vorrecht nahm Irene Becker auch für sich in Anspruch. Die gepflegte Frau mit dem dünnen rötlichen Haar und der Goldrandbrille ermordete als Krankenschwester auf der Station 104i der Berliner Charité nachweislich fünf Menschen, die dort als Herzpatienten behandelt wurden. Sie spritzte ihnen tödliche Dosen eines blutdrucksenkenden Medikaments. Im Juni 2007 wurde sie zu einer lebenslangen Haftstrafe verurteilt.

Nachdem der österreichische Kriminalpsychologe und Profiler Thomas Müller mit Irene Becker für die sechsteilige Sat.1-Dokumentation »Urteil Mord – Spurensuche hinter Gittern« in der Justizvollzugsanstalt stundenlange Gespräche führte, stellte *Der Spiegel* am 11. April 2010 seinen Bericht darüber unter den Titel: »›Todesengel‹ aus der Charité. ›Ich bereue nichts‹«. Das entsprach offenbar der Erwartung des Publikums.

Thomas Müller versuchte, die Hintergründe ihrer Verbrechen zu ergründen. Rund fünfunddreißig Jahre lang galt sie als zuverlässig und gründlich, wenn auch manchmal ein wenig ruppig. Er vermutete die Motive des »Todesengels« in der Unfähigkeit der Frau, sich anderen Menschen anzuvertrauen und Nähe aufzubauen. Das führte zu einer »Verschiebung des Selbstwertgefühles fast ausschließlich in den Bereich der ostentativen Hilfsbereitschaft ohne Rückzugsmöglichkeiten«. *Der Spiegel* berichtete: »Als Müller Irene Becker fragt, warum sie das Töten auf der Station nicht einstellte, antwortet die ehemalige Krankenschwester: ›Na ja … bisher hat es geklappt, warum soll es nicht wieder klappen?‹«

Das entspräche den vom Gericht festgestellten »niederen Beweggründen« als Mordmotiv, das die Tötungen als Ausdruck ihrer Machtbesessenheit sah. Dennoch wehrte sich Irene Becker stets gegen den Vorwurf, eine Mörderin zu sein: »Das ist für mich kein Mord, da stelle ich mir etwas anderes, etwas ganz Brutales vor … Aber vielleicht war auch das brutal, was ich gemacht habe.« Im Gespräch vor der laufenden Kamera stellte sie sich zwiespältig dar: »Und ich bedaure auch sehr, dass ich den Berufsstand so in Missgunst gebracht habe ... aber ich bereue nichts.«

Irene Becker spielte ihre Rolle in dem Film, dessen mögliche Titel die Presse längst erfunden hatte. Sie hießen »Schwester Tod« oder »Die Todspritzerin« oder eben auch »Todesengel aus der Charité«. Das weltberühmte Krankenhaus mit der »Barmherzigkeit« im Namen. Für einen anderen Part wäre sie nicht befragt worden.

Rund drei Jahre und viele Therapiesitzungen später besuchte die Journalistin Karoline Beyer für die *Berliner Morgenpost* die Delinquentin im Gefängnis. Zu den Taten befragt, erzählte ihr Irene Becker von den dramatischen Situationen der ihr anvertrauten Patienten und erklärte: »Meine Motivation war, diesem Leid ein Ende zu setzen.« Der aufmerksamen Journalistin war das zu wenig: »Die Worte klingen, als hätte sie sie schon oft gesagt. Auch in dieser Situation wirkt es, als wolle sie Erwartungen erfüllen.« Nachfragen brachten ähnliche Antworten, wie sie schon Kriminalpsychologe Thomas Müller gehört hatte: »Ich bin auf einmal mit mir privat selbst nicht mehr zurechtgekommen ... Ich konnte mir selbst nicht helfen, aber anderen habe ich geholfen. Denen, die im finalen Stadium waren.«

Hat sie an Rodion Romanowitsch Raskolnikow gedacht, der sich zu den Privilegierten zählte, die auch in der Situation eines »erlaubten Verbrechens« Ruhe und Übersicht zu wahren wussten? Irene Becker hatte die Verbrechen begangen und war dabei, die Strafe zu ertragen. »Schuld und Sühne«?

Karoline Beyer verließ das Frauengefängnis in Pankow mit Zweifeln: »Wie viel davon ist Erlerntes aus jahrelanger Psychotherapie und wie viel eigene Reflexion? Ihr Blick geht wieder aus dem Fenster. ›Ich fühle mich nicht unschuldig‹, sagt sie. ›Mir war in diesem Moment nicht klar, dass ich eine Straftat begehe. Wenn ich gewusst hätte, dass ich dafür ins Gefängnis gehe, hätte ich es nicht getan.‹«

Wann war »dieser Moment«, der am Ende zwei Jahre dauerte? Das im Internet geführte Dokumentationszentrum *ansTageslicht.de* beschreibt in einer Chronologie, wie Irene Becker in den Strudel des Verbrechens geriet. Dabei unterscheidet sich die Darstellung der dort genannten Fälle von denen in anderen Publikationen und den letztendlich vor Gericht getroffenen Wertungen. Für den Versuch, sich der Persönlichkeit der Delinquentin zu nähern, ist das unerheblich. Es geht hier nicht um die Tatabläufe, sondern um zwei Faktoren, die in allen Betrachtungsweisen unstrittig sind. Erstens bewegte sich Irene Becker in einem Strudel, der sie beständig und in sich verkürzenden Zeiträumen in ihre Verbrechen zog. Zweitens war das alles nur möglich, weil auch ihr Umfeld sichtbare Symptome ihres Fehlverhaltens nicht erkannte oder wissentlich ignorierte.

Seit 1995 arbeitete Irene Becker auf der kardiologischen Intensivstation 104i an der Charité in Berlin. Die Krankenschwester galt als erfahren, fast zwei Jahrzehnte war sie zuvor im Jüdischen Krankenhaus tätig. Sie verließ es nach Querelen um ihren Umgang mit den Kolleginnen und Kollegen mit 15.000 Mark Abfindung. Aber sie hatte sich auch weitergebildet und Verantwortung übernommen, denn Irene Becker verfolgte ein großes Ziel: »Es war immer mein Traum, an der Charité zu arbeiten.«

Die 1952 in Hermsdorf geborene Frau brachte eine persönliche Last mit, über die sie mit niemandem sprach. Dem Psychologen Thomas Müller offenbarte Irene Becker, dass sie »während ihres Lebens zahlreiche Situationen extremer Kälte und Gleichgültigkeit erlebt« habe. Als ihr Vater, Jahrgang 1890, pflegebedürftig im Paul-Gerhardt-Stift starb, war Irene Becker zwölf Jahre alt: »Man hatte ihn ins Bad geschoben, weil man sonst keinen Platz für ihn hatte.« Auch die fünfundzwanzig Jahre jüngere Mutter starb in einem Pflegeheim. Da war die Tochter Anfang dreißig. Sie erlebte in beiden Fällen keinen würdevollen Abschied. Thomas Müller: Diese Erfahrungen seien »von großer Ungewissheit und Unwissenheit geprägt« gewesen.

Ihr Mann, einstmals wegen der ähnlichen Lebensauffassungen gefreit, entfremdete sich von ihr. Irene Becker trennte sich 2005 von ihm, ein Jahr später erfolgte die Scheidung. Es hatte etwas von ihr Besitz ergriffen, das sie später »meinen Lebensfehler« nannte.

Im Juni 2005 lag der sechsundsechzigjährige Hans-Joachim S. auf der Intensivstation der Charité. Noch während die Ärzte damit beschäftigt waren, ihn zu reanimieren, spritzte Irene Becker ein blutdrucksenkendes Mittel. Nach sieben Minuten kam der Tod. Im November 2005 verabreichte die Schwester einem Patienten das Beruhigungsmittel »Dormicum«, ohne auf die Dosis zu achten. Der Mann musste wiederbelebt werden und überlebte.

Im März 2006 kam es zu einem harmlosen Übergriff auf eine geistig verwirrte Patientin. Schwester Irene schlug ihr auf die absichtlich verschmutzten Hände. Die Stationsleiterin wurde informiert, doch es dauerte fünf Monate, bis eine Stellungnahme von Irene Becker gefordert wurde.

Anfang April 2006 kam Kurt M., damals neunundsiebzig Jahre alt, ins Krankenhaus. Er hatte Blut im Urin. Unerwartet starb er vier Wochen später. Die Krankenschwester hatte ihm eine Überdosis an Medikamenten verabreicht. Das Gericht wertete diesen Fall später nicht als Mord, weil er nicht unmittelbar an der Giftspritze, sondern an inneren Blutungen verstorben sei.

Im Juni 2006 beendete eine von Irene Becker gesetzte Narkosespritze auf der Intensivstation 104i das Leben des sechsundsechzigjährigen alleinstehenden Rentners Helmut W., ohne dass etwas Ungewöhnliches entdeckt wurde. Aber bald gab es wieder eine Beschwerde eines anderen Patienten über Schläge, die er von Schwester Irene bekam. Nun informierte die Stationsleiterin, der bereits der erste Vorfall dieser Art bekannt war, die Pflegedienstchefin. Sie schlug vor, beide Vorkommnisse anonym zu protokollieren, um später darüber eine Aussprache zu führen. Bis zur

Verhaftung von Irene Becker am 4. Oktober 2006 geschah nichts.

Am 16. August 2006 verabreichte die Krankenschwester dem herzkranken Patienten Gerhard Arlt, siebenundsiebzig Jahre alt, entgegen der Anordnung der Ärzte ein Narkosemittel. Er starb wenige Minuten später. Pfleger André S., ein Kollege von Irene Becker, sah die leere Ampulle im Mülleimer, erzählte zwei anderen Mitarbeitern davon, aber die Information wurde von niemandem der zuständigen Leitung mitgeteilt.

Am 25. September 2006 wurde die achtundvierzigjährige Karin S. wegen Herzmuskelschwäche auf die kardiologische Intensivstation eingewiesen. Im Beisein ihres Mannes spritzte ihr Irene Becker ein blutdrucksenkendes Mittel, das schließlich zum Tod führte.

Am 2. Oktober 2006 tötete die Krankenschwester die Patienten Achim W. und Uwe M. mit eigenmächtig verabreichten, blutdrucksenkenden Arzneimitteln.

Nur zwei Tage später, am 4. Oktober, wandten sich drei Ärzte der Intensivstation mit ihren Bedenken um den Tod von Karin S. an den Chefarzt der Klinik. Professor Gert Baumann hielt Rücksprache mit der Charité-Leitung und informierte die Polizei. Am gleichen Tag wurde Irene Becker unter Mordverdacht verhaftet. Sie gab zu, zwei Patienten durch eine Medikamentenüberdosis getötet zu haben. Am 23. November 2006 gestand sie, zwei weiteren Patienten »das Leben verkürzt« zu haben. Zu ihren Motiven machte sie keine Aussagen.

Am 24. Januar 2007 erhob die Staatsanwaltschaft gegen Irene Becker Anklage wegen sechsfachen Mordes und eines Mordversuchs. Zu weiteren Fällen wurde ermittelt, doch die genaue Zahl der vollendeten Morde war vor Gericht letztlich nicht von ausschlaggebender Bedeutung. Hochschullehrer Prof. Dr. Wolfgang Georg Arlt, Sohn eines Opfers und deshalb Nebenkläger, erklärte das so: »Die Staatsanwaltschaft hat sich von vornherein, vermutlich aus ermittlungsökonomischen Gründen, da eingeschränkt, weil, sie werden ja letztendlich für drei Tötungen genauso bestraft wie für zwanzig Tötungen. Das Strafmaß macht da keinen Unterschied. Die Staatsanwaltschaft hat kein gesteigertes Interesse daran, ob sie nun sieben, zwölf oder dreizehn Fälle nachweisen. Macht im Nachhinein überhaupt keinen Unterschied.« Ermittelt wurden deshalb nur Fälle aus den vergangenen zweieinhalb Jahren.

Am 29. Juni 2007 verurteilte das Landgericht Berlin unter Vorsitz von Peter Faust die Angeklagte Irene Becker wegen fünffachen Mordes an schwerkranken Patienten zu einer lebenslangen Haftstrafe. In einem Fall sahen es die Richter anders als die Ankläger. Staatsanwältin Raddatz ging dennoch von einer besonderen Schwere der Schuld aus.

Im Prozess spielten die damals an der Charité, dem Tatort, herrschenden Umstände eine wichtige Rolle. Einerseits gab es viel Lob für die erfahrene Schwester. Bereits am dritten Prozesstag bekundete der Direktor der Kardiologie, dass ihn die Verlässlichkeit von Irene Becker immer beruhigt habe. Andererseits zeigte sich in den Zeugenbefragungen aber auch, dass sich die Frau offenbar in ärztliche Belange eingemischt hatte. Mehrere Ärzte bestätigten, Irene Becker sei »kritikfreudiger« als andere Pflegekräfte gewesen. Sie habe Diagnosen und Therapien immer wieder hinterfragt und lange darüber diskutiert. Das eigentlich positive Engagement kippte manchmal in Besserwisserei. Eine junge Krankenschwester sagte aus, Irene Becker habe auf dem Flur sogar »Ärzte angeschrien«, um sich mit ihrer Meinung über die nötige Therapie durchzusetzen. Berichtet wurde vor allem von jüngeren Ärzten, dass sie von den bereits seit langer Zeit auf der Pflegestation arbeitenden Mitarbeiterinnen oftmals »von oben herab angesehen« würden. Bei Irene Becker sei dies »ausgeprägter gewesen«. Ein Assistenzarzt erinnerte sich an seinen zweiten Arbeitstag auf der Intensivstation. Schwester Irene warf ihm vor, er würde sich »gegen die Gesetze Gottes« auflehnen und könne Patienten nicht einfach sterben lassen. Eine Gastärztin, die außerhalb der Charité-Hierarchie stand, sprach von »professionellem Misstrauen«, das die Ärzte gegenüber der Angeklagten hatten. Das führte zu mehrfachen Überprüfungen, ob sie die ärztlichen Anordnungen auch tatsächlich ausführte: »Das wusste eigentlich jeder.«

Die *Frankfurter Allgemeine Zeitung* kommentierte diesen Teil des Verfahrens am 29. Juni 2007: »Eine Klinikverwaltung, die duldet, dass eine Krankenschwester Patienten einer Intensivstation regelrecht anschnauzt, unsanft behandelt, ja umbringt, mache sich

›mitschuldig und mitstrafbar‹. Das sagte der Vorsitzende Richter in der Begründung des Urteils … Scharf kritisierte er ›Strukturen und Menschen‹, die während der Mordserie auf der kardiologischen Intensivstation der Charité zwischen Juni 2005 und Oktober 2006 alarmierende Beobachtungen und Vermutungen nicht sofort den für die Verfolgung von Mord zuständigen Stellen mitteilten, sondern sie als Gerücht und Vermutung auf den Dienstweg geschickt hatten.«

Im Januar 2008 nahm der Bundesgerichtshof die Revision Irene Beckers an. In der Folge wandelte er das Urteil in dreifachen Mord und zweifachen Totschlag um. Die lebenslange Haftstrafe blieb bestehen, aber damit eröffnete sich die Möglichkeit einer Entlassung nach fünfzehn Jahren verbüßter Haft.

Die Boulevardpresse empörte sich über diese Entscheidung zu »Berlins schlimmster Serienmörderin«, die derweil in der Justizvollzugsanstalt Berlin-Reinickendorf einsaß. Am 14. Juni 2017 berichtete *Bild*: »2015 wird Becker vom geschlossenen in den bequemen offenen Vollzug verlegt – durfte das Gefängnis aber nicht alleine verlassen. Doch jetzt gab es Lockerungen: Nach BILD-Informationen hatte die Serienmörderin bereits im Mai in Begleitung einer Psychologin Freigang und ging mit ihr einkaufen. Am Pfingstsonntag durfte sie in die Kirche. Vier Stunden pro Woche darf sie jetzt allein in die Öffentlichkeit. Im Knast gilt Becker als Einzelgängerin, hat wenig Kontakt zu den anderen Häftlingen. Sie ist in Zelle Nr. 517 untergebracht, sieben Quadratmeter groß, spartanisch möbliert. Dienstags geht sie zum Kunstkurs, malt Bilder aus Büchern ab und singt. Besuch bekommt sie von einer Pfarrerin und ihrem Rechtsanwalt.«

Andere Schilderungen über den Gefängnisalltag des »Todesengels« verkneifen sich den künstlich klingenden empörten Unterton, berichten aber mit einer Art von ungläubigem Staunen über die »Normalität« in Irene Beckers Leben. Geregelte Arbeit – 2010 noch in der Computerwerkstatt des Frauengefängnisses Berlin-Pankow, wo Werkstattleiter Uwe Kehl »ihre Effizienz« lobt –, Freizeit im Garten an der frischen Luft, Weiterbildung und viel Kultur. Reporterin Karoline Beyer erlebte sie im Mai 2013 so: »Sie liest viel, hört Kulturradiosender, sieht sich Dokumentationen im Fernsehen an. Die ARD-Themenwoche ›Leben mit dem Tod‹ hat sie im vergangenen November aufmerksam verfolgt. 2009 hat sie das Fernstudium ›Kunst erweitern und verstehen‹ abgeschlossen. Seit einiger Zeit formt sie in den Kunsträumen der Haftanstalt Skulpturen, zeigt stolz ein Fotoalbum davon. Weiße, menschliche Gesichter und Körper in verschiedenen Haltungen. Ein Gesicht hat sie liegend fotografiert, es hat einen entspannt geöffneten Mund. ›Dieser Mund hat sich so ergeben, als ich die Form von dem Material gelöst habe. Das sieht aus wie das Gesicht eines Toten, finde ich.‹«

Dass Irene Becker in die Gesichter der Toten gesehen hat, bleibt unfassbar. Die Journalistin bemühte sich redlich, musste aber resümieren: »Noch einmal konfrontiert damit, dass die Patienten, die sie tötete, keine Wahl hatten, gibt Irene B. wieder keine direkte Antwort. Sie wartet. Auf die Frage, ob es etwas mit ›Macht‹ zu tun gehabt habe, antwortet sie: ›Das Wort Macht klingt schrecklich, eigentlich brutal. Natürlich, wenn sich jemand nicht selbst helfen kann und ein anderer tut etwas, dann sieht es natürlich so aus, als ob er eine Macht ausspielen will. Das kann man so sehen, aber das ist nicht meine Sichtweise.‹ Irene B. verschränkt ihre Arme. An diesem Punkt geht es nicht weiter, geht sie nicht weiter. Über ihre ›Sichtweise‹ schweigt sie.«

Der Fixstern im Leben von Irene Becker ist das Jahr 2021. Dann hat sie die Chance, entlassen zu werden. Und ist fast siebzig Jahre alt, alleinstehend. »Wenn es ihr gelingt, möchte sie sich einer Senioren-WG anschließen, am liebsten mit Menschen, die sich nicht altersgerecht verhalten«, vertraute sie Karoline Beyer an. Nach fünfzehn Jahren hat sich nach den heute herrschenden Auffassungen vom Sinn eines Freiheitsentzugs für Irene Becker »Schuld und Sühne« ausbalanciert und das »Verbrechen« seine »Strafe« gefunden.

Wird sich Irene Becker an Fjodor Dostojewskis Werk erinnern, das sie einstmals mit der Gefängnis-Theatergruppe aufgeführt hat? Ist sie eine »Gespaltene« wie Dostojewskis Kunstfigur Rodion Romanowitsch Raskolnikow? Will man den russischen Titel der Geschichte ganz genau übersetzen, hieße es »Übertretung und Zurechtweisung«. Das hat im russischen Denken eine metaphysische Bedeutung: Mit seiner Ratio kann sich Raskolnikow die »Übertretung« erlauben, sein Gewissen spürt aber schon beim Gedanken daran die »Zurechtweisung«. Im letzten Absatz seines Werkes deutete Dostojewski die Fortsetzung der Geschichte an. Er hat sie nie verfasst. Vielleicht konnte er es nicht. Weil es Menschen wie Irene Becker gab, gibt und auch künftig geben wird.

Vom virtuellen Weltuntergang zum Doppelmord

Die Bluttat von Tessin

Am 21. Juni 2007 begann vor der Jugendstrafkammer des Landgerichts Schwerin der Prozess zu einem Doppelmord. Er fand am 13. Januar im mecklenburgischen Tessin statt. Der sechsundvierzig Jahre alte Peter E. war mit mindestens siebzehn, seine einundvierzig Jahre alte Frau Antje mit zweiundsechzig Messerstichen ermordet worden. Weil die beiden Täter, die Gymnasiasten Felix D. und Torben B., erst siebzehn Jahre alt waren, blieb die Öffentlichkeit ausgeschlossen.

Hautnah informiert war sie trotzdem. Am 17. Januar 2007, also nur wenige Tage nach der Bluttat, trat die damals fünfzehnjährige Eyleen Wohlrab in der RTL-Sendung »Stern TV« bei Günther Jauch auf und berichtete, wie sie den Doppelmord erlebte. Die beiden Jungen hatten sie an den Tatort, ein Backsteinhaus in der Dorfstraße 22, mitgenommen und gefesselt auf sie warten lassen, während sie die Morde begingen. Danach führten sie Felix D. und Torben B. zu ihren Opfern. »Der Mann war schon tot, als ich in das Haus kam, die Frau hat noch geatmet«, berichtete Eyleen Wohlrab. Felix D. ging auf die Sterbende los und forderte das Mädchen ausdrücklich auf, zuzusehen. Dann stach er Antje E. noch einmal heftig in den Kopf.

Der makabre TV-Auftritt führte dazu, dass kurz danach Dutzende von Journalisten und ein halbes Dutzend Fernsehteams den Zweihundert-Seelen-Ort belagerten. Nachbarn wurden befragt, jedwedes ratlose Kopfschütteln registriert. Jeder suchte nach seiner eigenen Geschichte zur Bluttat, auch wenn sich die Auskünfte alle glichen: Felix D. und sein Freund Torben B. seien unauffällig, nett und höflich gewesen, ein paar frühere Schulkameraden nannten sie »Streber«. Der Aufklärung des Verbrechens diente das alles nicht.

Zum Tatablauf wurde später ermittelt, dass sich der sechzehnjährige Sohn Florian der Familie E. in einem Zimmer verbarrikadiert hatte, nachdem die Mörder ins Haus eingedrungen waren. Um 22.09 Uhr ging bei der Rettungsleitstelle Schwerin sein telefonischer Notruf ein. Dort glaubte ihm zunächst niemand, dass er in tödlicher Gefahr schwebte. Der diensthabende Feuerwehrmann hörte laute Hintergrundgeräusche und vermutete einen Dummejungenstreich. Nicht ohne den Hilferufer vorher zu warnen, dass ihm ein sinnloser Einsatz in Rechnung gestellt werden würde, löste er schließlich doch Alarm aus.

Die beiden Mörder wollten mit Eyleen als Geisel fliehen. Sie bemächtigten sich des alten weißen VW Polo der gerade ermordeten Familie. Torben B. bretterte mit dem Auto über die kleine Koppelweide gegenüber dem Einfamilienhaus, durchbrach zwei Holzzäune und prallte gegen einen stillgelegten Ford Fiesta. Die Polizei umstellte den Wagen. Nach einer Stunde ergaben sich die Jugendlichen – Eyleen musste dringend auf die Toilette.

Ruhig und gefasst redete die Fünfzehnjährige im Fernsehen über den Mordabend in Tessin. Ihr Vater Rico Timm verteidigte später den TV-Auftritt, der von vielen Zuschauern heftig kritisiert wurde. *Der Spiegel* berichtete: »Es sei Eyleens Wunsch gewesen, an die Öffentlichkeit zu gehen … ›Ich bin nicht dafür gewesen, dass wir uns öffentlich zeigen.‹ Doch Eyleen habe die Situation generell ›gut im Griff‹. Nur einmal sei sie zusammengebrochen, als sie in Zeitungen gelesen habe, sie sei betrunken oder gar an der Tat beteiligt gewesen. ›Es war ein solcher Schock für sie, sie hat wahnsinnig geweint‹, sagt ihr Vater. Eyleen wollte das richtigstellen.«

»Sie haben im Auto darüber geredet, dass es mal ganz interessant ist, zu wissen, wie es sich anfühlt, einen Menschen zu töten. Und dass es gar nicht so ein schwieriges, schlimmes Gefühl ist«, berichtete Eyleen den Fernsehzuschauern. »Dass es sich ganz leicht angefühlt hat. So als würde man nur in eine Schlägerei verwickelt sein, ganz normal. Kein besonderes Gefühl. Keine Emotionen.«

Der Abend im tristen Tessin hatte so begonnen, wie er eigentlich immer verlief. Viel Abwechslung für Jugendliche bot der Ort in der Provinz Mecklenburg-Vorpommerns nicht. Im Haus von Felix' Eltern gab es für Torben, Felix und seine jüngere Schwester Jana, eine Freundin und Klassenkameradin von Eyleen, Hotdogs als gemeinsames Abendbrot.

Familie D. war Mitte der 1990er Jahre aus Lüneburg zugezogen. Sie lockte die Ruhe und der Garten für die beiden Kinder. Mutter Jeanette war Marionettenspielerin, Vater Karl-Heinz arbeitete in einem großen Zeitungsverlag in Hamburg.

Das Puppenspiel blieb nicht nur Nebenerwerb, sondern wurde zum Hobby der ganzen Familie. Gemeinsam zog sie in den Ferien in der Gegend umher und führte ihre selbst geschriebenen Stücke auf. Als das Online-Stadtmagazin für Lübeck im Mai 2005 »ein tierisches Abenteuer über die Geschwister Hoppel und Stoppel, die im Zauberwald leben und so allerhand Gefahren meistern müssen«, anpries, vergaß es nicht den Hinweis: »Das Tessiner Marionettentheater ist ein echter Familienbetrieb und hat seit 1999 schon zahlreiche Vorstellungen im norddeutschen Raum absolviert, wobei alles am Theater ›handgemacht‹ ist. Von der Bühne bis zu den Marionetten, von den Stücken bis zur Musik, von der Regie bis zum Schauspiel ist alles selbst gefertigt und entwickelt.« Felix kümmerte sich um Ton und Beleuchtung. An jenem Abend im Januar hingen die Puppen friedlich in der Kammer nebenan.

Nach dem Abendbrot wollten Felix und Torben »kurz alleine sein, was besprechen«, erinnerte sich Eyleen. In der Küche bewaffneten sich die beiden Jungen mit Messern. Mindestens sechs hatten sie drei Stunden später dabei. Die Eltern von Felix planten für den 13. Januar einen Kinobesuch und verließen das Haus.

Im Zimmer von Felix sahen sich die beiden Jungen und die zwei Mädchen einen japanischen Animationsfilm auf einer DVD an, *Final Fantasy VII*. Felix hatte schon sehnsüchtig darauf gewartet, eine harmlose Heldensage, eigentlich gar nichts mehr für Siebzehnjährige, denn auf der Kassette ist die Freigabe »ab 12 Jahren« vermerkt. Trotzdem geht es um Machtkämpfe auf dem fiktiven Planeten Gaia, die mit Gewalt lösbar erscheinen.

Danach brachen Felix, Torben und Eyleen in Richtung Bushaltestelle auf, dem Treffpunkt der Dorfjugend. Plötzlich fesselten die beiden Jungen das Mädchen mit Paketband und Kabelbinder, bedrohten sie mit einem Messer und verbanden ihr die Augen. »Ich dachte, die wollen sich einen Spaß daraus machen«, erzählte Eyleen dem gespannten Fernsehpublikum. Sie hielt alles für ein Spiel und blieb gelassen. Das schien Felix und Torben zu ärgern. »Du wirst heute noch Leichen sehen«, kündigte Felix düster an, Eyleen nahm das alles nicht ernst.

Minuten später klingelten Felix D. und Torben B. an der Haustür der Familie E., bis Familienvater Peter öffnete. Statt eines Grußes rief Felix »Reno«. Es war das zwischen ihnen vereinbarte Codewort – Reno, eine Figur aus *Final Fantasy*, die im Spiel einfach nur Aufträge ausführte. Die Jungen zogen ihre Messer, hielten eines Peter E. an den Hals und forderten: »Auf die Knie!« Der sechsundvierzigjährige Mann wehrte sich. Nun stachen Felix und Torben auf ihn ein, bis er zusammenbrach. Noch während er mit dem Tode rang, stürzten sie die Treppe hinauf, suchten nach der Frau. Sie trafen zunächst auf Florian. Der sah das Blut und flüchtete, während Antje E. aus dem Schlafzimmer kam. Blind von Aggressivität stachen die Mörder nun auf sie ein. Felix D. trat der schreienden Frau ins Gesicht und befahl Torben, die wartende Eyleen zu holen. Sie sollte sehen, wie sich Felix an der Welt rächte. Der probierte derweil, wie im Rausch mit Gewalt in das verschlossene Zimmer einzudringen, in dem Florian versuchte, Hilfe herbeizurufen.

Inzwischen war Torben mit Eyleen zurück im Haus. »Glaubst du es jetzt?«, fragte Felix. Unten ging die Haustür auf. Ein Polizist rief »Hallo!«, Felix D. hielt dem Mädchen ein Messer an den Hals. Sie war nun seine Geisel. Die Polizisten hielten sich erst einmal zurück. Durch den Hinterausgang verließen die Doppelmörder und das Mädchen das Haus.

Eyleen berichtete im Fernsehen, dass die beiden im Auto von Selbstmord sprachen. »›Ich will mich lieber selbst umbringen, als von denen hier draußen umgebracht zu werden‹«, habe Felix gesagt. »Torben war total dagegen. Er sagte: ›Das können wir nicht machen.‹« Verzweifelt seien die beiden nicht gewesen, beteuerte das Mädchen. Später, in der Untersuchungshaft, wird Felix D. einen Selbstmordversuch machen.

Der unerwartete Ausbruch von blutrünstiger Gewalt rief ein breites Medienecho in ganz Deutschland hervor. In vielen Zeitungen endeten die Berichte mit dem hilflosen Satz: »Über die Motive für die außergewöhnlich grausame Tat war immer wieder spekuliert worden.«

Auch nachdem sie die Jugendstrafkammer des Landgerichts Schwerin am 12. Juli 2007 wegen zweifachen Mordes, Geiselnahme und Raubes mit Todesfolge zu einer Haftstrafe von neun Jahren und sechs Monaten verurteilt hatte, blieben die Erklärungen dünn. Der Hamburger *Stern* berichtete über den Prozess: »Die Schüler hätten mit der Tötung ein Zeichen setzen wollen, bevor sie aus dem Land fliehen, erklärte der Anklagevertreter laut Gerichtssprecher.« Ansonsten blieb der Bericht lapidar: »Eigenen Angaben zufolge wollten die Schüler dem vermeintlich kleinbürgerlichen Leben entfliehen, um in Japan ein neues, aufregenderes Leben zu beginnen. Dafür hätten sie sich bei dem Ehepaar ein Auto besorgen wollen.« Dennoch gab es auch einen bemerkenswerten Satz: »Nach Überzeugung des Verteidigers eines der beiden Schüler spielten aber auch Gewaltvideos und Fantasyspiele eine maßgebliche Rolle für die Tat. Das hatten Gutachter, die den beiden Tätern volle Schuldfähigkeit bescheinigten, aber verneint.«

Sicher wäre es einigermaßen kurzschlüssig, allein aus der Beschäftigung mit Gewalt am Computer zwangsläufig negative Auswirkungen auf die Herausbildung der Persönlichkeit abzuleiten. Aber so, wie es seit Kaisers Zeiten bis heute Militärspielzeug gab und gibt, prägt es doch Denkweisen. Gewalt wird als Lösungsansatz von Problemen demonstriert. Das bleibt meist harmlos. Bei »Final Fantasy« sind es bis an die Zähne bewaffnete, mit virtuellen perfekten Körpern ausgestattete Helden im Alter ihres Publikums. Sie erinnern kaum an richtige Menschen, aber eben die müssen sie retten oder vernichten – je nachdem, in welcher Gruppe sie gerade agieren. Oft »kämpfen« sie auch gegeneinander, hohler Pathos und große Worte von Schuld und Ehre oder Macht und Tod fehlen dabei nicht. Jemanden »um Gnade winseln« zu lassen, gehört zum Standardprogramm. Die elektronischen »Über-Menschen« sind mächtig und unbesiegbar. Für manche nach dem Weg ins Leben suchende junge Männer machen sie die virtuelle Traumwelt zur Realität. So wie für Felix D. und seinen Gefolgsmann Torben B., die längst auch die aggressiveren Egoshooter auf den Spielkonsolen entdeckt hatten und sich stundenlang damit beschäftigten. »Wie haben wir zulassen können, dass unser Sohn sich das Gehirn verseucht«, fragte sich später Karl-Heinz D., als die *Zeit*-Journalistin Sabine Rückert versuchte, mit der Familie des Doppelmörders dessen Weg in den Abgrund zu erklären.

Natürlich wird nicht jeder zum Mörder, der am Computer kleine bunte Pixel in die Luft sprengt. Aber es ist ein erzieherischer Einfluss, einer, der sich in den schwierigen Prozess der Trennung der Jungen von den Alten einfügt.

Felix' Vater Karl-Heinz D. wusste, dass sein Sohn sein Lebensmodell verabscheute. Er war als Musiker durch die Welt gereist, probierte es, nach Kanada auszuwandern, engagierte sich gegen die Atomkraft und für die Umwelt. »Sein Bild von einem erfolgreichen Männerleben war eher konservativ«, sagte er der Journalistin über seinen Sohn. Sie resümierte: Er »wollte nicht musizieren, sondern herrschen, nicht demonstrieren, sondern kämpfen. Er war ein Krieger, der alles allein erledigen musste und mit dem niemand in die Schlacht zog – außer Torben, dem getreuen Vasallen.«

Diesen Sohn kannten seine Eltern nicht. Seine Spuren fanden sie in einem Tagebuch und anderen Aufzeichnungen, die offen in seinem Schreibtisch und Regal lagen, nachdem ihn die Polizei verhaftet hatte.

Sabine Rückert berichtete über den Fund. In ihrem Essay »Wie das Böse nach Tessin kam« nannte sie Felix D. »Sebastian«: »Bei der Lektüre dieser Aufzeichnungen aus den vergangenen zwei Jahren nahm sie plötzlich Gestalt an, die fremde, abgründige Person, die in Sebastian wohnte und von der sie nichts gewusst hatten: kleine Geschichten von Wellensittichen neben finsteren Gedanken und Tötungsphantasien. Im Laufe der Monate werden die hasserfüllten Einträge häufiger, Todeslisten tauchen auf und Anspielungen auf geplante Gewalttaten. Einmal schildert Sebastian, wie er sich auf den Weg macht, ein Mädchen zu vergewaltigen, und dann doch umkehrt. Ein anderes Mal beschreibt er einen Albtraum, in dem er Amok läuft. Er zeichnet Messer und eine Vergewaltigung, dazwischen Monster und Krieger. Dann wieder versinkt er in Verzweiflung und verflucht seine Einsamkeit … Mitten in seiner Familie lebend, atmend, essend, schlafend, redend, fühlte Sebastian sich von einer Todeszone umgeben, die niemand bemerkte, niemand durchdrang.«

Felix D. schuf sich seine eigene Welt. In ihr müsse ein totalitärer Machthaber mit Feuer und Schwert herrschen, meinte er. Wozu gibt es Atombomben, wenn sie denn nicht genutzt würden, die »Untermenschen« auszurotten. all jene die dumm und schwach oder auch nur homosexuell oder Frauen sind. Es war eine krude Mischung zwischen »Big Brother is watching you« aus George Orwells visionärem *1984* und Adolf Hitlers *Mein Kampf*. Egoshooter am Computer passen in diese Gedankenwelt. Es gab sie auch schon lange vorher, und dass pubertäre Spinnereien nicht immer harmlos blieben, war aller Welt nach Goethes *Werther* bekannt. Wie Wellen schwappen ihre Auswirkungen durch die verschiedenen Gesellschaften, und wie Wellen laufen sie irgendwo am Strand aus. Dass es junge Männer sind, die Kriege führen und sich manch sanfte Jungen in staatlich lizenzierte Mörder verwandeln, verbirgt sich hinter der hilflosen Frage, wie »es« denn geschehen konnte.

Antworten bleiben rar. Auch Karl-Heinz und Jeanette D. konnten Sabine Rückert nicht erklären, wie der Hass in ihren Sohn kam: »Es habe die Familie E. getroffen, weil sie schwach sei, soll er im Auto sitzend die Auswahl der Opfer begründet haben. Auch das bekommt für den, der die Aufzeichnungen kennt, einen besonderen Klang. Während er seine destruktiven Regungen sorgsam vor den Erwachsenen verborgen gehalten hatte, war Sebastian seiner jüngeren Schwester Jana im vergangenen Sommer mit seinen Weltvernichtungsphantasien mächtig auf den Geist gegangen. ›Er hatte neue Staaten geplant, ganze Kontinente sollten in Schutt und Asche gelegt werden und durch

Manipulation der DNA ein neuer Mensch entstehen‹, sagt sie. Und wie sollte der beschaffen sein? ›Gut aussehende, muskelbepackte Kämpfer, die niemals krank werden.‹ Alle anderen waren minderwertig und sollten umkommen – ganz besonders qualvoll seine Feinde. Und Sebastian glaubte sich von vielen umstellt. ›Seine ganze Klasse sollte sich in einer Reihe aufstellen und durch Kopfschuss hingerichtet werden‹, sagt Jana, ›das waren so seine Gedanken, dauernd fing er mit so was an.‹ Aber Jana hat nicht Alarm geschlagen und die Geheimnisse des Bruders für sich behalten, halb, weil sie – wie alle anderen – Sebastian für einen zutiefst harmlosen Menschen hielt, halb aus falsch verstandener Solidarität.«

Felix D. war als Einzelgänger bekannt. Dass sich das mit Gewaltphantasien verband, ist eigentlich nichts Besonderes. In seinem Fall war es das aber doch. Sabine Rückert erfuhr: »Auch davon hatte die damals dreizehnjährige Jana gewusst und es aufgrund vermeintlicher Bedeutungslosigkeit wieder vergessen. Auf der Klassenfahrt hätte es geschehen sollen: Sebastian wollte das Segelschiff, mit dem die damalige 9d vor der niederländischen Küste kreuzte, in seine Gewalt bringen und alle an Bord ermorden – bis auf ein paar hübsche Mädchen, die zum Lustgewinn des Entführers noch eine Weile am Leben bleiben sollten. Auch dieses Vorhaben hat Sebastian schriftlich fixiert – unter einer Überschrift in fehlerhaftem Latein: Opus Magnus. Jetzt, wo alles heraus ist, kommt der Mutter im Nachhinein manches irritierend vor, was ihr Sohn am

Rande fallen ließ. So erinnert sie sich noch daran, dass Sebastian, von besagtem Segeltörn zurückkehrend, äußerte: ›Das ist ja gerade noch mal gut gegangen.‹ Es habe sie kurz stutzen lassen, sagt sie, aber nachgefragt hat sie nicht. Kleine bedrohliche Zeichen fallen ihr nun, in der Retrospektive, ein. So sei Sebastian in letzter Zeit manchmal von einer ungewohnten Kälte gewesen.

›Er verachtete uns plötzlich‹, sagt Jeanette …, ›ganz besonders mich.‹ ›Mama, so wie du möchte ich niemals werden‹, habe ihr Sebastian wenige Wochen vor der Tat noch ins Gesicht gesagt, ›du bist doch bloß eine, die nichts zu sagen hat. Du hast keine Macht.‹«

Im Gefängnis hatte sich Felix D. eingerichtet. Er lernte dort ein Handwerk. Mit seiner Familie korrespondiert er. Er sei inzwischen zum Christen geworden, schrieb er ihr, »irdische Güter« würden ihn nicht mehr interessieren. Dass er auch nach Verbüßung seiner Haftstrafe als junger Mann mit Mitte zwanzig am Anfang seines Lebens stehen wird, schien in seinen Plänen keine erwähnenswerte Rolle zu spielen. Sabine Rückert berichtete 2007: »Er hadert nicht mit dem Schicksal, im Gegenteil: Aus seinen Briefen spricht Demut, fast Zufriedenheit … Sebastian muss den Planeten nicht mehr zerstören, und er muss ihn nicht mehr retten. Eine schwere Last ist von seinen Schultern genommen. (…) Sebastian hat die Erfahrung gemacht, äußerste Macht auszuüben: Er hat Menschen das Leben genommen. Und diese Erfahrung ist nichts wert. Einfach nur nichts.«

Die Strafe ist inzwischen verbüßt. Keine Zeitung berichtete darüber. In Tessin hieß es damals nach dem Urteil: »Wir wollen unsere Ruhe zurück.« Ob der Wunsch wahr geworden ist, war nicht mehr zu erfahren.

Giftmischer und Todesspritzen

Pilze, Kräuter und Medikamente als Mordmittel

Als die Bayer-Werke 1947 das Pflanzenschutzmittel
»E 605« auf den Markt brachten, ahnte niemand, dass
dieses damals frei verkäufliche Insektizid bei Kriminellen und Selbstmördern bald das traditionelle »Erb-
schaftspulver« Arsen ablösen würde. Bald zeigten
einige spektakuläre Giftmorde, dass die bitter schme-
ckende und nach Lauch riechende Substanz in Pud-
ding gemischt oder Pralinen gespritzt, auf Omeletts
serviert oder in süße Cocktails gemixt wurde. »E 605«
ist längst verboten, dennoch versuchen immer wieder
Menschen ihre Angehörigen mit Gift aus der Welt zu
schaffen, Welch makabrer »Einfallsreichtum« dabei
eine Rolle spielen kann, illustrierte Ende Januar 2009
ein Prozess in Potsdam.

Ein siebenundvierzigjähriger Mann hatte es auf
die Erbschaft seiner Frau abgesehen, die er gern allein mit seiner Geliebten verprasst hätte. Um an die
125.000 Euro zu gelangen, mischte Matthias N. aus
Kloster Lehnin seiner Gattin über Wochen Eisenhut,
Rizinus-Samen und Weißen Germer ins Essen. Vita-
minkapseln füllte er mit fein gehacktem Knollenblät-
terpilz.

Als das alles nicht zum Tod führte, griff er im Mai
2005 zum Rattengift.

Bislang hatte die Frau die Anschläge mit Erbrechen Durchfall und Krämpfen überlebt. Nun bekam sie Blutungen und musste ins Krankenhaus. Dort stellten die Ärzte fest, dass die Patientin den die Gerinnung des Blutes hemmenden Wirkstoff Marcumar im Körper hatte. Sie alarmierten umgehend die Polizei.

Das Landgericht Potsdam verurteilte Matthias N. wegen versuchten Mordes und gefährlicher Körperverletzung zu einer Freiheitsstrafe von elf Jahren. Mit Beschluss vom 27. Mai 2009 wies der Bundesgerichtshof die Revision des Angeklagten als unbegründet zurück und machte so das Urteil rechtskräftig. In der Urteilsbegründung stand: »Das Landgericht hat es als besonders verwerflich beurteilt, dass der Angeklagte seinen minderjährigen Sohn in die Tat einbezogen hatte.« Der damals Fünfzehnjährige war in den Wald geschickt worden, um Giftpilze zu sammeln. Das Gericht in Potsdam stellte das Verfahren gegen den psychisch labilen Jugendlichen wegen »mangelnder Verantwortungsreife« ein.

Im Prozess stritt Matthias N. die Vergiftungsversuche ab. Er behauptete, seine Frau habe sich die Substanzen selbst verabreicht, um ihn in Schwierigkeiten zu bringen. Ihm konnte allerdings nachgewiesen werden, dass er im Internet nach den Giften recherchiert hatte. Außerdem gab er zu, seine Frau auch mit einem Elektroschocker traktiert zu haben, »um sie anschließend zu ertränken«, so der Bundesgerichtshof. Erst nachdem das misslang, griff er zum Rattengift. Die obersten Richter unterstrichen den wichtigsten Strafmilderungsgrund: »Die Ehefrau konnte unter glücklichen Umständen gerettet werden.«

Aufmerksamen Ärzten war es auch zu verdanken, dass ein perfider Giftmord an einem Kleinkind am 28. März 2014 in Potsdam entdeckt wurde. Der achtunddreißigjährige Ricardo H. hatte den anderthalbjährigen Sohn seiner Lebensgefährtin mit einem Medikamentencocktail vergiftet – weil er ihn in der Beziehung zu der Frau störte.

Begonnen hatte sie im Internet. Ricardo stand zu jener Zeit am Anfang eines neuen Lebensabschnitts. Bisher bestimmte ihn seine Alkoholsucht, nun hatte er es geschafft, trocken zu werden. Infolge der Alkoholkrankheit litt der gelernte Maurer an einer chronisches und äußerst schmerzhaftes Störung der Bauchspeicheldrüse. Er nahm starke Schmerz-, Beruhigungs- und Schlafmittel, immer mehr und immer öfter, ohne sich ärztlichen Rat zu holen. Das Gericht ging später davon aus, dass die Sucht nach Alkohol von einer nach Medikamenten abgelöst worden war.

Auch die Frau, die Ricardo H. am Computer kennenlernte, hatte ihre Probleme. Ihr vorheriger Freund verließ sie, als sie schwanger war. Für sein Baby fühlte er sich dennoch verantwortlich. Das gefiel der jungen Mutter, aber sie wollte nicht allein mit dem Kind bleiben. So suchte sie nach einer neuen Partnerschaft und lernte Ricardo H. kennen. Gleich zu Beginn der Beziehung sagte sie ihm, dass sie nur »im Doppelpack« zu haben sei.

Auch Ricardo H. hatte bereits zwei Söhne aus einer

anderen Partnerschaft, um die er sich nicht im Geringsten kümmerte und nicht einmal den festgelegten Unterhalt zahlte. Außerdem brachte er ein paar Vorstrafen wegen kleinerer Delikte und Schulden mit. Trotz dieser Startprobleme lief es mit der neuen Lebensgefährtin gut. Er zog mit der Frau zusammen in eine Wohnung im Potsdamer Plattenbauviertel Schlaatz. Sie half ihm, seine finanziellen Verhältnisse in Ordnung zu bringen. Dem fremden Kind gegenüber, einem Frühchen, das auch als Baby noch sehr anfällig war, benahm sich der Mann wie ein Vater. Er fütterte den Jungen, legte ihn trocken und spielte mit ihm. Das Gericht überlegte später, ob diese »übertriebene Hinwendung« Ausdruck seiner Liebe zu dem Stiefsohn war oder Ricardo H. sie nur praktizierte, um »einen emotionalen Zugang« zu der von ihm begehrten Frau zu bekommen.

Nach und nach entwickelte sich das Kind jedoch für den »neuen« Mannes zum Problem, denn auch der leibliche Vater wollte sich um seinen Sohn kümmern und die Mutter akzeptierte das. Sie pflegte einen häufigen und regelmäßigen Kontakt zu ihm. Vor dem Potsdamer Landgericht kam der Vorsitzende Richter Theodor Horstkötter im Frühjahr 2005 zu der Schlussfolgerung: »Die Beziehung zwischen Frau … und dem Angeklagten stand vor der Tat auf Messers Schneide.« Das mag auch Ricardo H. so empfunden haben, denn er ging schließlich davon aus, dass das Kleinkind schuld am Kriseln der kleinen Familie sei. Er wurde eifersüchtig auf den Vater des Kindes und meinte, wenn der Sohn »weg« wäre, würde ganz von allein alles »wieder gut« werden.

Richter Theodor Horstkötter formulierte es so: »Der Junge war da im Weg ... Er fasste den Entschluss, das Kind zu töten, um wieder näher bei der Mutter zu sein.« Nach dessen Tod wäre er dann »der Tröster« der Mutter gewesen.

Das Unglück nahm seinen Lauf, als die Mutter am 29. März 2014 zu einem Bekannten nach Berlin-Tempelhof fuhr. Bereits mittags verabreichte Ricardo H. seinem Stiefsohn ein in den Tee gemischtes Schlafmittel. Das Kind erbrach sich. Am Abend fütterte er es mit einem Brei, der den tödlichen Cocktail aus drei Medikamenten – Schlafmitteln und Opiate, die er auch selbst nahm – enthielt. Für das Kind wählte Ricardo H. eine mehrfach tödliche Dosis. Als die Mutter nach Hause kam, bemerkte sie zunächst nichts. Das Baby röchelte etwas in seinem Bettchen, aber sie hielt das nicht für auffällig und ging selbst schlafen. Vor Gericht sagte die Frau dann aus, dass Ricardo H. sie gegen 23.30 Uhr geweckt habe und erklärte, dem Kind gehe es nicht gut, es atme nicht mehr und sei tot. Sofort riefen die beiden den Rettungswagen, doch der Notarzt konnte nur noch den Exitus des Säuglings feststellen.

Zunächst sah alles nach einem plötzlichen Kindstod aus. Die toxikologische Untersuchung ergab jedoch, dass der kleine Junge mit Medikamenten vergiftet worden war. Bei einer späteren Haaranalyse nach einer Exhumierung stellte sich heraus, dass dem Kind seit mindestens fünf Monaten drei Medikamente verabreicht worden waren.

Auf diese Indizien stützte sich der Prozess, der wegen des Todes eines Schöffens im Frühjahr 2018 ein zweites Mal begonnen hatte. Der Angeklagte erklärte dem Gericht, er wisse nicht, wie der Junge an die Medikamente gekommen sei. Er belastete im Prozess die Mutter. Staatsanwalt Peter Petersen sah keinerlei Motiv dafür, dass sie für den Tod ihres Sohnes verantwortlich sein könnte. Dem folgte auch das Gericht. Richter Theodor Horstkötter zog den Schluss, dass die Art und Weise der Tötung und die verwendeten Medikamente hinreichend die Schuld des Angeklagten bewiesen. Der Staatsanwalt charakterisierte ihn als einen zur Lüge neigenden Mann und »emotionslosen Egomanen mit narzisstischen Zügen«. Er habe nicht nur um die tödliche Wirkung der Medikamente gewusst, sondern auch genau über jene Substanzen verfügt, die im Körper des toten Säuglings nachgewiesen wurden.

Am 5. Mai 2018 verurteilte das Landgericht Potsdam Ricardo H. in erster Instanz zu einer lebenslangen Freiheitsstrafe. Über eine eventuelle Revision wurden auf verschiedene Anfrage keine Auskünfte erteilt.

Im Fall einer Krankenschwester, die das Landgericht Dresden im Mai 2010 zu lebenslanger Haft verurteilte, weil sie ihre Adoptivmutter getötet, einen Patienten zu töten versucht und ihre Oma sowie einen weiteren Patienten geschädigt hatte, zog die Täterin selbst ihre Revision zurück.

Der Mord fand am 22. April 2008 in Dresden statt. Bianca D., damals dreiunddreißig Jahre alt und in der geriatrischen Abteilung des Krankenhauses Dresden-Neustadt tätig, rief an diesem Tag den Hausarzt Dr. Walter Nagel in die Wohnung ihrer siebenundfünfzigjährigen Adoptivmutter Ulrike K., die plötzlich verstorben war. Der Arzt erinnerte sich später daran, was er dort vorfand: »Die Tote lag auf dem Sofa, Kerzen brannten, die Tochter berichtete von langer Krankheit. Ich sah keine Trauer, eine Obduktion lehnte sie ab, weil sie sehr christlich wäre.« Er ging zunächst von einem natürlichen Tod aus, informierte dann aber doch die Polizei, weil keine eindeutige Todesursache festzustellen war. Auch die von Bianca D. erwähnte angeblich vorausgegangenen »lange Krankheit« kannte Dr. Nagel nicht.

Die Krankenschwester war zum zweiten Mal verheiratet und hatte zwei Kinder. In den Ermittlungen der Polizei stellte sich schnell heraus, dass auch ihr erster Mannes, Jens N., 2001 unter mysteriösen Umständen starb. Das wurde damals jedoch als Selbstmord betrachtet und nicht weiter untersucht.

Die Ermittlungen mündeten schließlich in einen Prozess, der im Sommer 2009 am Landgericht Dresden begann. Bis dahin untersuchte die Polizei 127 Todesfälle von mehrfach körperlich und psychisch erkrankten Menschen, die in der geriatrischen Abteilung des Dresdner Krankenhauses unter anderem von Bianca D. betreut wurden und im Laufe der vergangenen acht Jahre verstarben. Der Indizienprozess stützte sich auf 144 Zeugen und Sachverständige, denn ein Geständnis der Verdächtigen lag nicht vor.

Im Fall der Adoptivmutter von Ulrike K. sprach das Gericht von einem besonders grausamen und lange vorher geplanten Verbrechen. In den Wochen vor der Tat verabreichte ihr Bianca D. mehrfach eine starke Dosis des Beruhigungsmittels »Lorazepan«. Dann sprühte sie der dadurch hilflosen Frau WC-Reiniger in die Augen, um Symptome eines natürlichen Sterbens vorzutäuschen. Zur Verschleierung erzählte sie Bekannten, ihre Mutter sei todkrank und wolle nicht mehr leben. Am 22. April 2008 spritzte sie ihr schließlich Insulin. Das für an Diabetes erkrankte Menschen lebensrettende Hormon ist leicht zugänglich und im Körper schon nach kurzer Zeit nicht mehr nachweisbar Bei einer Überdosis führt es zum Koma mit Todesfolge. Die Vorsitzende Richterin Birgit Wiegand betonte, dass das Opfer völlig arglos gewesen sei, der Adoptivtochter vertraut und sie tief geliebt habe. Der ging es hingegen um eine Erbschaft von rund 70.000 Euro, ergänzt durch die Zahlung der Lebensversicherung, die sie für Ulrike K. abgeschlossen hatte. Das Gericht stellte fest: »Die Angeklagte lebte über ihre Verhältnisse und brauchte dringend Geld.« Den Ermittlungen zufolge hätte sie insgesamt rund 100.000 Euro geerbt. Damit plante Bianca D. bereits vor dem Tod der Adoptivmutter einen Umzug in die Schweiz.

Zum Tod ihres ersten Partners warf Staatsanwalt Christian Richter der Angeklagten vor: »Sie verabreichte Jens N. Insulin im Schlaf!« Da dieser Fall jedoch nicht mehr zu beweisen war, wurde Bianca D. dafür freigesprochen. Einen weiteren Mord mit Insulin soll die Angeklagte jedoch am 10. September 2005 an ihrer Adoptivgroßmutter Gertrud W., damals vierundachtzig Jahre alt, versucht haben. In diesem Fall holte Bianca D. noch rechtzeitig den Notarzt, so dass die alte Dame den Anschlag zunächst überlebte. Sie starb später aufgrund ihres Alters. Ein Tötungsvorsatz ließ sich in beiden Fällen nicht nachweisen.

Keinen Zweifel hatte das Gericht hingegen daran, dass Bianca D. wenige Wochen vor dem Mord an ihrer Adoptivmutter im Krankenhaus Dresden-Neustadt einen Patienten vergiften wollte. Der Mann wurde durch einen Zufall gerettet, erlitt aber schwerer Hirnschäden, an denen er wenig später verstarb. Das Motiv dieser Tat konnte das Gericht nicht völlig klären, Nach ihrer Festnahme bestritt Bianca D. diese Vorwürfe, im Prozess schwieg sie dazu. Das Gericht sah die Angeklagte als Menschen mit einem labilen Charakter. »Bianca D. kann nicht adäquat mit Konflikten umgehen. Statt sie auszutragen, tritt sie die Flucht an«, formulierte es die Richterin. In der Nacht des Übergriffs auf den Patienten habe sie sich zuvor über eine Ärztin geärgert. Das Gericht hielt es für vorstellbar, dass dieser Frust als Auslöser der Tat fungierte, Es stellte fest, Bianca D. habe nur ein sehr geringes Selbstwertgefühl. Im Dienst habe sie perfekt sein wollen und sei teilweise übereifrig gewesen.

Dieser Hintergrund spielte auch in einem weiteren Fall eine Rolle, in dem das Gericht die Krankenschwester der schweren Körperverletzung schuldig sprach. Während des Nachtdienstes betäubte sie einen Patienten und legte in seinem Zimmer Feuer. Danach versorgte sie ihn und löschte das Feuer. Richterin Birgit Wiegand zeigte sich überzeugt, dass es Bianca D. dabei darum ging, am Ende als »tolle Krankenschwester« und Retterin dazustehen.

Wegen Mordes, Mordversuchs und zwei Körperverletzungen verurteilte das Landgericht Dresden Bianca D. am 21. Mai 2010 zu einer lebenslangen Haft und sprach ein lebenslanges Berufsverbot aus. »Bianca D. kann man nicht mehr in die Nähe von Alten und Kranken lassen«, hieß es im Urteil. Auf die Feststellung einer besonderen Schwere der Schuld verzichtete die Kammer. Sie begründete das mit der schweren Kindheit der Angeklagten, die ohne familiäre Geborgenheit bei einer asozialen Mutter aufwuchs. Mit der Rücknahme der Revision durch Bianca D. wurde das Urteil rechtskräftig Das eröffnete ihr die Möglichkeit, frühestens nach fünfzehn Jahren erstmals einen Antrag auf eine vorzeitige Haftentlassung zu stellen.

Zu welchen Mitteln Giftmischer manchmal greifen, um ihr Opfer möglichst unauffällig zu töten, zeigte ein Prozess am Landgericht Potsdam, der am 9. Mai 2015 mit einem erstinstanzlichen Urteil zu fünfzehn Jahren Haft endete.

Das Gericht bewies, dass der damals siebenunddreißigjährige Tierpfleger Gerd S. seine acht Monate alte Tochter Emely vergiften wollte. In zwölf Fällen verabreichte er ab dem 19. März 2014 dem Baby ätzende

Desinfektions- und Reinigungsmittel, die Zitronen-
säure und Alkohol enthielten. Das kleine Mädchen reagierte mit Schmerzen und Schwindel, verweigerte die
Nahrungsaufnahme und erbrach sich. Gerd S. führte
ihr die giftigen Substanzen nicht nur durch den Mund,
sondern auch über eine Magensonde zu. Der Gesund-
heitszustand Emelys machte dramatische Sprünge. Er
besserte sich mehrfach während der Behandlung im
Krankenhaus, nach der Rückkehr nach Hause steiger-
te sich das Leiden des Kindes erneut, bis es schließlich
ins Koma fiel. Bereits Ende Juni 2014 schwebte Emely
immer wieder in Lebensgefahr und konnte nur durch
künstliche Beatmung auf der Kinderintensivstation
des Krankenhaus in Brandenburg an der Havel gerettet werden. Dort kam den Ärzten auch der Verdacht,
dass die dramatischen Rückfälle des Säuglings nur
durch dessen sechsundzwanzigjährige Mutter Nadja G. oder den Vater Gerd S. verursacht worden sein
konnten.

Am 1. Juli 2014 wurden die Mutter und der Vater des
Kindes verhaftet. Der Verdacht gegen die Mutter ent-
kräftete sich schnell, der gegen den Vater verdichtete
sich. Gerd S. stritt zunächst alles ab und machte »Ärz-
tepfusch« und mangelnde Hygiene im Krankenhaus
für den Zustand seiner Tochter Emely verantwortlich.
Als sich im Prozess herausstellte, dass nur die Eltern
dem Kind die Qualen angetan haben konnten, versuchte er, seine vormalige Lebensgefährtin Nadja G.
zu belasten: »Ich kann es nicht beweisen, dass es meine Frau war, aber ich vermute es … Ich weiß, dass ich

meiner Tochter nie etwas antun könnte, daher bleibt für mich nur Frau G. als Täterin.«

Das sah die Potsdamer Strafkammer unter dem Vorsitzenden Richter Frank Tiemann anders. Sie meinte, dass dem wegen Besitzes kinderpornografischer Bilder bereits vorbestraften Mann sein Kind bei dem Bemühen, eine neue Partnerin zu finden, im Wege stand. Die Staatsanwaltschaft sah darin sein Motiv. Im Laufe des Prozesses stellte sich heraus, dass Gerd S., während seine Tochter im Krankenhaus mit dem Tod rang, Nachrichten sexuellen Inhalts an seine Internetbekanntschaft M. schickte und den Kontakt zu ihr intensivierte. Außerdem gelangte das Gericht zu der Auffassung, dass er Emely vergiften wollte, um von seinem eigenen Versagen im Alltag abzulenken und die Rolle des fürsorglichen Vaters spielen zu können. Es stellte fest, dass Gerd S. zwischen dem 26. und 29. Juni 2014 versuchte, seine Tochter mehrmals vorsätzlich zu töten, weil er wieder im Zentrum von Vorwürfen der Familie stand.

Das Potsdamer Landgericht verurteilte ihn wegen versuchten Mordes an seiner Tochter Emely sowie wegen Misshandlung Schutzbefohlener und gefährlicher Körperverletzung. Glücklicherweise überlebte das Kind die Torturen. Richter Frank Tiemann räumte ein, dass aus seiner Sicht auch eine lebenslange Strafe möglich gewesen wäre, sah aber nach dem Vergleich mit zwei Lebenslang-Urteilen wegen versuchten Mordes aus dem vergangenen Jahr davon ab und sprach nur eine Strafe von fünfzehn Jahren aus. Der wesentliche Grund dafür lag darin, dass das kleine Mädchen voraussichtlich nicht unter Folgeschäden zu leiden haben wird. Über eine eventuelle Revision des erstinstanzlichen Urteils wurde nichts bekannt.

Wenn Polizisten weinen

Kindermorde mit »besonderer Schwere der Schuld«

Dass Mordermittler im Zeugenstand vor Gericht in Tränen ausbrechen, ist ein seltenes Ereignis. Die Polizisten haben vieles gesehen, was der Öffentlichkeit aus gutem Grund verborgen bleibt. Am 12. März 2010 konnte es selbst der Beamte der ermittelnden Mordkommission als Zeuge vor dem Landgericht Leipzig nicht ertragen, noch einmal die Bilder der missbrauchten, ermordeten und verstümmelten Corinna aus Eilenburg betrachten zu müssen.

Am 28. Juli 2009 hatte der Angeklagte Lutz-Peter S. die Neunjährige in seinen Garten gelockt und in einem dort befindlichen Bauwagen sexuell missbraucht und anschließend ermordet. Danach verpackte er das Mädchen in einen Müllsack und warf es in den Mühlengraben, einem Nebenarm der Mulde. Der Vorsitzende Richter Hans Jagenlauf beschuldigte den Neununddreißigjährigen, die Vergewaltigung vorher genau geplant zu haben: »Der Täter war zwar alkoholisiert, aber dennoch in bester körperlicher und geistiger Verfassung, da er als typischer Gewohnheitstrinker einzustufen ist.« Bereits sechzehn Mal hatte Lutz-Peter S. erfolglos Entzugstherapien hinter sich. Eine besondere Schwere der Schuld ergebe sich »durch die vollkommen unverständliche Brutalität, die Sie dem Kind, als es bereits tot war, noch angetan haben«, erklärte der Richter dem Angeklagten. Sie war auf den Bildern dokumentiert, die den Polizisten im Zeugenstand zum Weinen brachten.

Lutz-Peter S. gestand vor Gericht, bereute seine Tat und entschuldigte sich bei der Familie des Opfers. Das berücksichtigte das Urteil vom 31. März 2010. Trotzdem lautete es auf eine lebenslange Haftstrafe bei Feststellung der besonderen Schwere der Schuld. Danach war in diesem Fall eine erstmalige Prüfung einer vorzeitigen Entlassung aus der Haft frühestens nach achtzehn Jahren möglich. Eine an den Gefängnisaufenthalt anschließende Sicherheitsverwahrung des Täters schlossen sowohl Anklage als auch Verteidigung von vornherein aus. Die gesetzlichen Grundlagen dafür waren nicht gegeben. Lutz-Peter S. war zwar mehrfach vorbestraft, allerdings wegen anderer, nicht besonders schwerwiegender Delikte. »Das psychiatrische Gutachten ergab außerdem keine pädophilen Neigungen«, teilte Richter Hans Jagenlauf mit.

Der Verteidiger des Mörders, Stefan Costabel, widersprach der besonderen Schuldschwere: »Es war eine spontane Tat, er ist nicht latent gewalttätig.« Deshalb ging er im Auftrag seines Mandanten beim Bundesgerichtshof in Revision. Nicht betroffen war davon ein an Corinnas Mutter zu zahlendes Schmerzensgeld in Höhe von 50.000 Euro. Allerdings sah deren Anwältin Ina Alexandra Tust kaum die Chance, dass das Geld jemals gezahlt würde. Überdies ließe sich der

Tod eines geliebten Menschen ohnehin nicht mit Geld aufwiegen.

Über welches Grauen im Prozess gegen Lutz-Peter S. unter Ausschluss der Öffentlichkeit verhandelt werden musste und das sogar die Zeugen zu Tränen rührte, stand in der Presseerklärung des Bundesgerichtshofs vom 13. September 2010: »Als das Mädchen schrie und sich zur Wehr setzte, erwürgte er es. Er verging sich sexuell an dem toten Kind und verstümmelte dessen Genitalien mit einer Schere.« Die obersten Richter verwarfen die Revision als unbegründet. Damit erlangte die lebenslange Strafe für Lutz-Peter S. Rechtskraft.

Auch im Fall eins Kindesschänders aus Leipzig sprach der Bundesgerichtshof am 3. März 2008 das letzte Wort, als er die Revision des Angeklagten als unbegründet verwarf: »Das Landgericht Leipzig hat den Angeklagten wegen Vergewaltigung in Tateinheit mit schwerem sexuellem Missbrauch eines Kindes und mit vorsätzlicher Körperverletzung sowie wegen anschließenden (Verdeckungs-)Mordes zu lebenslanger Freiheitsstrafe als Gesamtstrafe verurteilt und die besondere Schwere der Schuld festgestellt. Außerdem hat es die Unterbringung des Angeklagten in der Sicherungsverwahrung angeordnet.«

Das Verbrechen begann am 22. Februar 2007 an einer Straßenbahnhaltestelle in Leipzig-Stahmeln. Die Überwachungskamera in der Tram lieferte ein gestochen scharfes Bild eines Mannes, neben dem der wenig später als vermisst gemeldete neunjährige

Mitja saß. Er lächelte den Fremden an. Den Verdächtigen Uwe K. entdeckten die Ermittler in den frühen Morgenstunden des 1. März 2007 in einem Leipziger Krankenhaus. Der Maurer aus Schkeuditz wollte sich umbringen. Deshalb hatte er sich gegen 0.45 Uhr an die Gleise gehockt und gewartet, bis eine Bahn kam. Unmittelbar vor der sich mit vierzig Stundenkilometern nähernden Straßenbahn sprang er vor den Zug. Trotz Vollbremsung schleifte der ihn rund fünfzehn Meter mit. Uwe K. überlebte schwerverletzt. Es stellte sich heraus, dass er zuvor bereits einen anderen Suizidversuch unternommen hatte.

Den schnellen Fahndungserfolg verdankte die Polizei der bereits zwei Tage nach der Vermisstenmeldung erfolgten Veröffentlichung des Bildes des Verdächtigen aus der Tram. Es gingen rund zweihundert Hinweise ein und ein Gartennachbar erkannte Uwe K. auf dem Fahndungsfoto. Die Polizei stellte fest, dass er zwischen 1981 und 1998 bereits fünf Mal wegen sexuellen Missbrauchs verurteilt worden war. Sie konzentrierte sich bei der Suche mit Hundertschaften von Leuten und Fährtenhunden auf sein Wohngebiet. Leipzigs Polizeipräsident Rolf Müller erläuterte die Polizeitaktik: »Er sollte sich nie in Sicherheit wiegen.« Nach der Verhaftung resümierte seine Sprecherin: »Er hat wohl gemerkt, dass er keine Chance hat.«

In der Laube von Uwe K. wurde Mitjas Leiche gefunden: »Der Junge lag da, zugedeckt, als würde er schlafen«, erinnerte sich ein Ermittler. Der Mörder hatte ihn erstickt.

Trotz der schnellen Aufklärung im Fall Mitja gab es erhebliche Kritik an der Arbeit der Polizei. Sie reichte bis in die Zeit der DDR zurück. Bereits 1981 wurde Uwe K., damals fünfzehn Jahre alt, zum ersten Mal in Bitterfeld wegen Kindesmissbrauchs verurteilt. Es folgten weitere Taten nach dem gleichen Muster und weitere Verurteilungen. Obwohl er damit als Rück-falltäter gelten musste, bekam Uwe K. keine Therapie. Nach der Einheit zog er mit Drückerkolonnen quer durch das Land. 1997 beobachtete der Mann einen Jungen beim Angeln. Er gab sich als Kontrolleur des Angelscheins aus, schlug den Elfjährigen mit der Faust ins Gesicht und vergewaltigte ihn. Das Schreien des Opfers rief andere Angler zur Hilfe. Das verhinderte möglicherweise Schlimmeres.

Obwohl ihm die Polizei ein »trickreiches Vorgehen« bescheinigte und die DDR-Vorstrafen bekannt waren, verurteilte das Landgericht Leipzig Uwe K. 1998 nur zu zwei Jahren Gefängnis. Seinen Alkoholpegel bei der Tat von 2,9 Promille wurde ihm strafmildernd ausgelegt. Eine im Maßregelvollzug verordnete Alko-holtherapie scheiterte an seiner »weitgehenden The-rapieunwilligkeit«. Als Uwe K. im Jahr 2000 aus dem Gefängnis kam, wurde er unter »Führungsaufsicht« gestellt. Eine freiwillige Alkoholtherapie brach er nach kurzer Zeit ab. Nachdem seine Freundin ein Kind von ihm bekam, schien sich sein Leben zu festigen. Doch wegen des Trinkens trennte sie sich von Uwe K., der danach auch seine Pflichten aus den Bewährungsaufla-gen umging. Bewährungshelferin Roswitha D. machte die sächsische Generalstaatsanwaltschaft mehrfach darauf aufmerksam. Erst nach einigen Brandbriefen sanktionierte sie Uwe K. mit der denkbar geringsten Strafe von siebzig Stunden gemeinnütziger Arbeit. Dass er sich nach dem Mord an Mitja überhaupt noch im Polizeicomputer befand, stellte sich als Zufall heraus: Hätte er die Vergewaltigung 1997 nicht in Sachsen, sondern anderswo begangen, wäre er auch aus dem Register gelöscht worden.

In dem am 28. August 2007 begonnenen Prozess vor dem Landgericht Leipzig gab Uwe K. den Mord an Mitja zu. Die fünfzigjährigen Eltern des Jungen, die sieben weitere Kinder hatten, konnten wegen der psychischen Belastung dem Prozess nicht beiwohnen.

Der Tathergang ließ sich aus den Akten problemlos rekonstruieren. Uwe K. hatte getrunken, nach zwölf Gläsern Bier wurde ihm übel. Auf dem Heimweg sprach ihn – nach seinen Angaben –Mitja an, und sie stiegen zusammen in die Straßenbahn. In seiner Wohnung trank er weiter, der Junge saß vor dem Fernsehapparat. Dann missbrauchte ihn der Angeklagte im Schlafzimmer und tötete ihn. Den Tag danach verbrachte er mit der Leiche seines Opfers in der Wohnung. In der folgenden Nacht transportierte sie der Mörder mit einem Handwagen in seine Schkeuditzer Gartenlaube. Versuche, das tote Kind im Garten zu vergraben, scheiterten, weil die Polizei bereits in der Gegend suchte. Uwe K. versteckte sich in einer leerstehenden Laube nahe seines Gartens.

Oberstaatsanwältin Claudia Laube sah in der Tat

»verachtenswerte Motive auf niedrigster Stufe«. Verteidiger Malte Heise versuchte, die Tat seines Mandanten zu erklären: »Der Angeklagte ist kein Killer. Der Angeklagte ist auch keine Bestie.« Er schäme sich sehr und »entschuldigt sich aus tiefstem Herzen« insbesondere bei Mitjas Eltern – »im Wissen, dass er eine Entschuldigung nicht erwarten darf«. Die Ursachen für die Entwicklung von Uwe K. erkannte er in dessen Vorleben: Er wurde selbst als Sechsjähriger missbraucht und als Neunjähriger vergewaltigt. Eine Sexualtherapie beendete er 2004, weil der Therapeut deren Fortsetzung nicht für notwendig hielt. Wegen seines erfolglosen Bemühens um das Umgangsrecht mit seiner 2003 geborenen Tochter und des Verlustes seiner Arbeit 2007 sei er »völlig frustriert« gewesen.

Das Gericht erachtete den Angeklagten für voll schuldfähig. Für Uwe K. bedeutete das Urteil, dass er mindestens zwanzig Jahre Haft verbüßen muss, ehe überhaupt eine Strafaussetzung auf Bewährung beantragt werden kann. Sollte die Strafvollstreckungskammer dann einer Bewährung zustimmen, greift zunächst die angeordnete Sicherungsverwahrung. Ob Uwe K. durch seinen pädophilen Trieb weiter für die Allgemeinheit gefährlich ist, muss danach alle zwei Jahre überprüft werden.

Diese Sicherheitsverwahrung ist oft Gegenstand von Revisionen, wie auch im Fall von Silvio S., der 2015 zwei kleine Jungen missbrauchte und ermordete.

Das erste Verbrechen begann am 8. Juli 2015 auf einem Spielplatz im Potsdamer Wohngebiet Schlaatz.

Gegen 17.30 Uhr verließ der Erstklässler Elias die elterliche Wohnung, um vor dem Haus zwischen Sandkasten und einem hölzernen Nashorn »Monster jagen« zu gehen. Mutter Anita S. sah ihn immer wieder aus dem Fenster der Wohnung, doch nach einer Stunde war er spurlos verschwunden. Eine beispiellose Suchaktion begann. Hunderte Polizisten, Dutzende freiwillige Helfer und Spürhunde durchkämmten immer wieder das Viertel. Hubschrauber suchten mit Wärmebildkameras, und die an dem Wohngebiet vorbeifließende Nuthe wurde ausgebaggert, denn es hätte ja auch einen Unfall gegeben haben können. Alles blieb ohne Erfolg.

Am 1. Oktober 2015 verschwand wieder ein Junge, dieses Mal das vierjährige Flüchtlingskind Mohamed. Auf dem Gelände des Landesamtes für Gesundheit und Soziales (Lageso) in der Turmstraße in Berlin-Moabit war er kurze Zeit unbeaufsichtigt. Seine Mutter wollte bei der Behörde Geld holen. Dort standen damals Tausende Flüchtlinge an, auf dem Gelände herrschte Chaos. Ein Mann lockte das Kind mit einem Teddybär, nahm es an die Hand und verschwand. Eine Überwachungskamera an einer nahe gelegenen Kneipe filmte zufällig die Szene. Die Bilder ergänzten die bereits laufende Öffentlichkeitsfahndung.

Gut drei Wochen später, am 28. Oktober, erkannte Astrid S. aus Kaltenborn, fünfundzwanzig Kilometer von Luckenwalde entfernt, ihren damals zweiunddreißigjährigen Sohn Silvio auf dem Video. Der gelernte Fliesenleger, der inzwischen als Wachschützer arbeitete, wohnte noch zu Hause. Im Dorf nannten sie ihn »Berti«, weil er der Puppe Bert aus der Sesamstraße ähnlich sah. Am Tag darauf ging die Mutter zur Polizei.

Die SOKO »Schlaatz« musste zu jener Zeit davon ausgehen, dass sie am Anfang einer Mordserie stand. Michael Scharf, der damalige Chefermittler der Brandenburger Polizei, machte daraus keinen Hehl: »Irgendwann hätten wir ihn sicher erwischt«, aber bis dahin hätte Silvio S. sehr wahrscheinlich weitere Kinder missbraucht: »Man muss davon ausgehen, dass er weitergemacht hätte.«

Am 14. Juni 2016 begann gegen Silvio S. vor dem Landgericht Potsdam der Prozess. Dazu, wie es dem Angeklagten gelungen war, den sechsjährigen Elias vom Spielplatz mitten in der Stadt zu entführen und wo er ihn ermordete, machte er keine Aussagen. Die Leiche verscharrte er in einem fünfzig Zentimeter tiefen Loch hinter einer Hecke auf seiner gepachteten Parzelle 27 der Luckenwalder Kleingartenanlage »Eckbusch«. Er hatte sich von seinem Nachbar Karsten Niedorf einen Spaten geborgt. Dann legte Silvio S. den toten Elias in einen Pappkarton und deckte das Grab mit einer Folie ab. Es wurde am 30. Oktober 2015 von der Polizei gefunden.

Mit dem am 1. Oktober 2015 entführten Mohamed aus Bosnien-Herzegowina fuhr Silvio S. in seinem Dacia aus Berlin nach Kaltenborn in das Haus seiner Eltern. Er verging sich mehrfach an dem Jungen und erdrosselte ihn mit einem Gürtel, als er schrie. Er hatte Angst, dass seine Mutter in der unteren Etage etwas mitbekommen könnte. Die Leiche deponierte er in einer gelben Plastikwanne und kippte Katzenstreu darüber. Seine sexuellen Gewalttaten an Mohamed filmte Silvio S. mit seinem Handy. Nach seiner Verhaftung gestand er in der ersten Vernehmung, dass er auch Elias getötet hatte, und gab den Ablageort von dessen Leiche an.

Nach elf Verhandlungstagen verurteilte das Potsdamer Landgericht Silvio S. am 26. Juli 2016 zu einer lebenslangen Haftstrafe bei Feststellung einer besonderen Schwere der Schuld. Ein Psychiater bestätigte zuvor die volle Schuldfähigkeit des Angeklagten. Die Richter sahen vor allem das Mordmerkmal »Verdeckung des schweren sexuellen Missbrauch eines Kindes« als erfüllt an. Im Fall Elias äußerte die Verteidigung Zweifel am Mordvorwurf. Dem folgte das Gericht nicht. Der Vorsitzende Richter Theodor Horstkötter erklärte dazu, Silvio S. habe am 8. Juli 2015 den Entschluss gefasst, nach Potsdam zu fahren, um dort gezielt ein Kind in seine Gewalt zu bringen und es sexuell zu missbrauchen.

Besonders makaber schien, dass er nach dem Tod von Elias dessen Mutter Anita eine Trauerkarte mit der Nachricht »Er ist erstickt« schrieb. Als Absender setzte der Mörder ein Bestattungsinstitut in Brandenburg an der Havel ein. Wegen der unvollständigen Adresse ging die Karte dorthin zurück. Das Institut informierte die Polizei, die den Absender vor der Festnahme von Silvio S. jedoch nicht ermitteln konnte. Danach ließ er sich durch einen DNA-Abgleich identifizieren.

Im Fall Mohamed konnte strafrechtlich keine Vergewaltigung, sondern lediglich sexueller Missbrauch nachgewiesen werden. In beiden Fällen kamen neben Mord aus Verdeckungsabsicht noch die Straftatbestände Entziehung von minderjährigen Kindern und Freiheitsberaubung mit Todesfolge hinzu.

Auch nach dem Prozess gingen die Ermittlungen weiter, um festzustellen, ob Silvio S. für weitere, bislang nicht aufgeklärte Fälle verantwortlich sei. Staatsanwalt Peter Petersen betonte, dass es nach kriminalistischer Erfahrung solche Delikte wahrscheinlich gegeben haben muss, »aber nicht unbedingt Tötungsdelikte … Niemand startet von null auf hundert.«

Dazu wurden mehr als tausendfünfhundert DNA-Spuren ausgewertet, was allein für die Berliner Justiz einen sogenannten Verfahrenskostenanteil von 480.000 Euro verursachte. Bestärkt wurde der Verdacht der Anklage, als am siebten Verhandlungstag ein Beamter des LKA Berlin über die Auswertung des Computers von Silvio S. berichtete. Dort fanden sich Bild- und Videodateien: Gewaltpornos mit Vergewaltigungsszenen, Hetero- und Homosexvideos, Bilder von SM-Utensilien und aufgezeichnete TV-Beiträge über Kinder. »Die Sequenzen waren brutal, die Mehrzahl beinhaltete Gewalt«, erklärte der Beamte. Auch Bilder zweier unbekannter Jungen waren darunter. An diesem Tag hatte Staatsanwalt Petersen auch eine lebensechte, etwa einen Meter große Puppe im Gerichtssaal aufstellen lassen. Auf dem Computer hatten die Ermittler deren Bild gefunden und als »Spur 3.1.1.47«

registriert. Silvio S. muss die Aufnahmen selbst gemacht haben. Sie zeigen ihn bei sexuellen Handlungen mit der Puppe im Bett. »Damit hat er geübt«, sagte ein Gerichtssprecher. Trotz der ungewöhnlich umfangreichen Spurensuche konnten Silvio S. jedoch keine weiteren Taten nachgewiesen werden.

Entgegen dem Antrag der Anklage ordnete das Gericht nach Verbüßung der Haft keine Sicherungsverwahrung an. Sie greift immer dann, wenn die Allgemeinheit auch nach Verbüßung der Haft vor besonders gefährlichen Tätern geschützt werden muss. Das Potsdamer Landgericht sah bei Silvio S. keinen Hang zur Begehung weiterer schwerer Straftaten. Gegen diese Entscheidung legte Staatsanwalt Peter Petersen Revision beim Bundesgerichtshof ein und hatte damit Erfolg.

Deshalb musste darüber noch einmal verhandelt werden. Am 28. Juni 2019 vertagte das Landgericht Potsdam die Entscheidung über eine mögliche Sicherungsverwahrung auf mindestens fünfzehn Jahre. Nach zwanzig Jahren verbüßter Haft soll anhand eines dann anzufertigenden Gutachtens geprüft werden, ob der jetzt sechsunddreißigjährige Silvio S. immer noch als »gefährlich« gelten muss. Dagegen ging die Staatsanwaltschaft erneut in Revision. Nun muss der Bundesgerichtshof entscheiden, ob der Kindermörder nach verbüßter Haft in Sicherungsverwahrung muss. Das Urteil auf die lebenslange Haftstrafe gegen ihn wurde bereits mit Verwerfen seiner Revision durch die obersten Richter am 28. April 2017 rechtskräftig.

Endlose Albträume

Wenn bei Entführungen jede Sekunde zählt

Eigentlich hatte Franz Z. an diesem Dienstag, dem 16. Oktober 2012, eine Menge zu tun. In einen alten Rostocker Bunker war Wasser gelaufen, er sollte es abpumpen. Plötzlich bemerkte er ein aufgeregt gestikulierendes junges Mädchen vor seinem Auto. Nur eine Decke bedeckte den nackten Körper. »Ich bin Rebecca«, sagte sie, als Franz Z. stoppte, um Hilfe zu leisten. Der Mann wusste sofort Bescheid. Seit vier Tagen war das spurlose Verschwinden der siebzehnjährigen Rebecca H. Stadtgespräch in der Hansestadt.

Franz Z. brachte das Mädchen zur Polizei. Mit Dutzenden von Kollegen hatte sie zuvor nach der Vermissten gesucht und schon das Schlimmste befürchtet. Doch jetzt musste es schnell gehen. Rebecca H. berichtete, dass sie durch das Fenster der Parterrewohnung ihres Entführers fliehen konnte. Franz Z. brachte die Polizisten zu dem Haus am Dierkower Damm, in dessen Nähe er das Mädchen aufgenommen hatte. Sie umstellten das Grundstück, stürmten, doch die Wohnung war leer.

Ein paar Stunden zuvor: Der siebenundzwanzigjährige Mario B. lag auf einer Liege im Blutspende-Zentrum in der Rostocker Innenstadt. Es dauerte einen Weile, bis ein paar Hundert Milliliter die Flasche füllten. Gelangweilt wischte Mario B. auf seinem Smartphone die neuesten Nachrichten aufs Display. Dann die Eilmeldung: Die seit vier Tagen vermisste Rebecca ist gefunden worden!

Der junge Mann riss sich den Schlauch aus der Vene. Das Blut lief weiter, rann über den Arm und färbte die Kleidung rot. Panisch rannte er auf die Straße.

Wenig später ortete die Polizei sein Handy, und die Handschellen klickten. Mario B. war dringend verdächtig, in der Nacht vom 12. zum 13. Oktober 2012 die Schülerin Rebecca H. vergewaltigt, entführt und in seiner Wohnung gefangen gehalten zu haben.

Rückblende: Rebecca wollte die Woche am Freitagabend mit Freunden in der *Bacio Lounge* ausklingen lassen. Damals wurde in der Anfang 2016 dann geschlossenen Diskothek am Rostocker Stadthafen noch kräftig gefeiert. »Afterworkparty meets Alpha warm up tour« hieß das Motto jenes Abends. Vielleicht nicht ganz das, was sich das Mädchen erhofft hatte. Sie und ihr Freund bevorzugten die alternative Hardcore-Musikszene. Mit ihm wollte sie sich nach der Disco noch treffen. Gegen zwei Uhr machte sich Rebecca aus dem *Bacio* auf den Weg. Straßenbahn oder Bus fuhren nicht wie erhofft, tags zuvor hatte sich der Fahrplan geändert. Deshalb machte sie sich zu Fuß auf den Weg nach Dierkow und nahm die Abkürzung über die Brücke am Petridamm, die Kopfhörer auf den Ohren. In der Nähe der Kreuzung Dierkower Damm und Hinrichsdorfer Straße rempelte sie ein Radfahrer an. Durch die Musik in den Kopfhörern hatte ihn die junge Frau nicht wahrgenommen und wäre beinahe gestürzt. Als der Mann auf das Mädchen zukam, meinte Rebecca, er wolle ihr helfen. Doch Mario B. hatte anderes im Sinn. Er bedrohte sie mit einem Messer, griff Rebecca brutal an und vergewaltigte sie. Das Mädchen wehrte sich nach Leibeskräften, wurde verletzt, doch niemand hörte sie. Die Stadt schien menschenleer. Mario B. drohte ihr mit dem Tod. Er hatte Angst, sie könne ihn identifizieren. Deshalb verschleppte er Rebecca in seine nur rund vierhundert Meter entfernte Wohnung am Dierkower Damm. Für die junge Frau begann ein Martyrium, dessen Ende nicht absehbar war. Immer wieder fesselte der Vergewaltiger sein Opfer, schlug auf das Mädchen ein, bedrohte es mit dem Messer und missbrauchte die Siebzehnjährige. In der Wohnung durfte sie sich nur nackt bewegen.

Auch Mario B. hatte sich an jenem Freitagabend mit Freunden verabredet. Er kannte sie aus einer betreuten Wohngemeinschaft, in der er mit ihnen ein Dreivierteljahr zuvor wohnte. Dort sollte er zurück in die Normalität des Alltags finden, denn der achtundzwanzigjährige Mann war ein vorbestrafter Straftäter, der bereits zehn Jahre seines Lebens im Gefängnis verbracht hatte.

Mario B.s Eltern wandten sich schon früh von ihm ab. »Ich habe keinen Sohn«, sagte der Vater am Telefon als später der Fall Rebecca verhandelt wurde und legte auf. Mario wuchs in einem Heim auf. Mit vierzehn Jahren beging er seine erste Vergewaltigung an einem dreizehnjährigen Mädchen. Um es zum Sex zu zwingen, strangulierte er es mit einem Gürtel. Es folgte einen Jugendhaftstrafe. Danach würgte und vergewaltigte er wieder ein Mädchen. Seine letzte Haftstrafe von zwei Jahren und neun Monaten saß er wegen Raubes und räuberischer Erpressung ab, 2011 wurde er entlassen. Bei der Suche nach Rebecca hatte ihn die Polizei nicht überprüft, weil darin nur die Männer einbezogen worden waren, die als Erwachsene wegen eines Sexualdeliktes aufgefallen waren.

Vor der Inhaftierung 2009 lebte er mit einer Freundin zusammen. Sie hatten ein gemeinsames Kind, doch Mario B. kümmerte sich nicht darum. Wenn er betrunken war, schlug er die Frau, bis sie sich von ihm trennte und den Kontakt abbrach. »Ich bin aus Rostock weggezogen, damit ich meine Ruhe vor ihm habe«, sagte sie später.

Auch mit seinen Freunden aus der ehemaligen WG lief es nicht gut. Gemeinsam wurde Speed und Kokain und reichlich Alkohol konsumiert. Alle wussten, dass Mario B. dann aggressiv wurde, Prügeleien untereinander waren an der Tagesordnung. Sie verliefen nicht immer harmlos, einmal ging der gewalttätige Mann sogar mit einem Spaten auf einen von ihnen los. Er ist einer, »der noch mal zutritt, wenn der andere schon am Boden liegt«, erinnerte sich einer seiner falschen Freunde.

Trotzdem versprach Mario B. immer wieder Besserung. Er nahm regelmäßig die Termine mit seinem Bewährungshelfer wahr und durfte Anfang 2012 in eine eigene Wohnung ziehen. Noch im Gefängnis begann er eine Lehre als Koch, die er in Rostock nach der Haftentlassung fortsetzen konnte. Die theoretische Prüfung machte ihm kein Problem, doch vor dem letzten praktischen Test soff er die Nacht durch, vermasselte ihn und brach die Ausbildung ab.

Auch am Abend des 12. Oktobers 2012 betrank sich Mario B. im Kreis seine Freunde. Er versuchte, sich einer jungen Frau zu nähern, doch die wies den penetranten Mann ab. Die Anderen brachen wenig später auf, um irgendwohin zu einer Party zu ziehen. Mario B. nahm sein Fahrrad und wollte offenbar nach Hause, »betrunken und frustriert«, wie sich einer aus der Runde erinnerte.

Später verließ er die Wohnung noch einmal, um Zigaretten zu holen. Wie immer, trug er sein Messer bei sich. Auf der Brücke fuhr Mario B. gegen 2.30 Uhr Rebecca an. Vor Gericht erklärte sein Verteidiger im März 2013, er sei »mit Alkohol und Drogen zugedröhnt« gewesen, als der Unfall geschah. Aus Ärger darüber habe er dann das Mädchen angegriffen und verletzt. An die direkt darauf folgende Vergewaltigung konnte er sich angeblich nicht erinnern. In jedem Fall sei die Tat nicht geplant gewesen.

Für Rebecca war das ziemlich unerheblich. Sie erinnerte sich daran, wie ihr Mario in einem nahe gelegenen Gebüsch mit dem Messer am Hals Gewalt antat und sie dann in eine Wohnung trieb und dort einsperrte.

Nachdem die als zuverlässig bekannte Siebzehnjährige am nächsten Morgen nicht zu Hause war, erstatteten ihre Eltern Vermisstenanzeige. Suchtrupps und Hundestaffeln der Polizei schwärmten aus, Taucher und ein Hubschrauber gingen auf die Suche und Rebeccas Freunde klebten überall eilig gedruckte Vermisstenanzeigen an Laternen und Häuserwände. Alles blieb ohne Erfolg – bis Franz Z. vier Tage später das Mädchen auf der Straße traf. Immer, wenn Mario B. aus der Wohnung ging, wie an jenem Tag zum Blutspenden, fesselte er sie. Doch Rebecca konnte sich befreien.

Keiner der Nachbarn im Haus hatte etwas von der Gefangenschaft des Mädchens geahnt. Mario B. machte wie immer seine Einkäufe, traf sich sogar mit seinem Bewährungshelfer. Einem Hausbewohner war zwar das kaputte Fahrrad im Keller aufgefallen und er wunderte sich auch, dass es Blutspuren in seiner Waschmaschine gab, nachdem er Mario erlaubt hatte, darin seine Wäsche zu waschen, aber Gedanken machte er sich deshalb nicht. Gemeinsam hatten sie aus dem Fenster seiner Wohnung sogar beobachtet, wie die Polizei nach Rebecca in der Nähe suchte: »Er hat sich nichts anmerken lassen, meinte nur ›krass‹ und guckte wieder weg.«

Am 25. März 2013 begann vor dem Landgericht Rostock der Prozess gegen Mario B. unter großer öffentlicher Anteilnahme. Der Angeklagte gab seine Taten zu, erklärte aber, er habe die junge Frau nur deshalb mit nach Hause geschleppt, um dort ihre Wunden zu versorgen. Ihm sei klar gewesen, dass er deshalb wieder ins Gefängnis kommen würde. Deshalb habe er warten wollen, bis alles verheilt sei. »Irgendwann wollte ich sie wieder gehen lassen«, behauptete Mario B. und ergänzte auf Nachfrage: »So nach einer Woche.« Jegliche Tötungsabsicht stritt er ab.

Dennoch resümierte der Vorsitzende Richter Wolfgang Strauß am Ende der Verhandlung am 7. Mai 2013, dass es sich um eine »außergewöhnlich hässliche und abstoßende Tat« gehandelt habe. Im Prozess wurde »die Geschichte eines viertägigen Albtraums vor uns ausgebreitet«. Dass er ein glückliches Ende genommen habe, sei reiner Zufall und nicht dem Angeklagten zu verdanken. Für den Täter fand er deutliche Worte: »Wir glauben, Herr B., Sie sind gefährlich.«

Das Landgericht verurteilte den mehrfach vorbestraften Mario B. zu neuneinhalb Jahren Haft und anschließender Sicherungsverwahrung. B. sei eine tickende Zeitbombe und es müsse verhindert werden, dass sie noch einmal losgeht, meinte das Gericht.

Frank Häßler, Direktor der Rostocker Universitätsklinik für Psychiatrie im Kindes- und Jugendalter, stellte mit Blick auf das Opfer fest: »Man kann davon ausgehen, dass die Tat bei ihr kurz- und langfristig erhebliche Folgen nach sich zieht, die sich physisch und psychisch auswirken können.«

Am 21. Januar 2014 bestätigte der Bundesgerichtshof das Urteil des Landgerichts Rostock und verwarf die Revision des Angeklagten.

Entführungsfälle sind für die Polizei immer eine besondere Herausforderung. Wenn sie davon erfährt, weiß sie nie, was dahinter steckt. Für Täter folgen oft

Verdeckungstaten, um eine vorangegangene Vergewaltigung oder Erpressung zu vertuschen. Sie fürchten, später von ihren Opfern erkannt zu werden.

Nahezu regelmäßig geistern Gerüchte über angebliche Kindesentführungen durch die sozialen Netzwerke. Im Frühsommer 2016 kursierten derartige Meldungen in Sachsen-Anhalt. In Großkorbetha, Merseburg und Günthersdorf sollen Kinder von »südländisch aussehenden Männern« angesprochen worden sein, die in einem weißen Kleintransporter unterwegs waren. In Merseburg geschah das angeblich sogar gleich zweimal. »Ich kann keinen Fall nennen, wo man tatsächlich versucht hätte, ein Kind zu entführen«, erklärte Antje Hoppen, Sprecherin der Polizeidirektion Süd in Halle, dazu auf Anfrage. Der »weiße Transporter« ließ sich nicht stoppen. Wer danach im Internet suchte, fand etliche Berichte quer durch die Republik. 2011, Brandenburg: »Gerüchte im Internet: Angst vor Kinderfängern im weißen Kleinbus«. 2013, Hessen: »Gibt es die ›Kinderfänger‹ oder handelt es sich um Falschmeldungen?«. 2014, Nordrhein-Westfalen: »Flamersheim und Kleinbüllesheim: Weißer Transporter im Visier«. 2015, Schleswig-Holstein: »Die Wahrheit hinter den weißen Rumänen-Transportern«. In fast allen Fällen dementierte die Polizei die Gerüchte. Bestätigt wurde nur ein Vorkommnis 2011 in Brandenburg, in dem ein Unbekannter versucht haben soll, ein achtjähriges Mädchen in einen Transporter zu zerren. Das Kind wurde dabei verletzt.

Offensichtlich beherrschen bei derartigen Geschichten Phantasien und Sensationslust die Menschen. Es gibt aber auch Leute, die das Leid anderer zu nutzen versuchen. Das gab es bereits in der DDR. Als Ende Januar 1986 die elfjährige Schülerin Nancy Gropler aus Burg bei Magdeburg verschwand, rief wenige Tage später ein Unbekannter im Büro der LPG, der Arbeitsstelle der Mutter, an und erklärte: »10.000 Mark, dann bekommst du deine Tochter zurück.« Die Polizei fand ihn nicht und er meldete sich nie wieder. Nancy Gropler blieb verschwunden – bis zu Ostern 1986 ein Jutesack mit einer Kinderleiche am Ufer des Elbe-Havel-Kanals angetrieben wurde.

Zwanzig Jahre später ermöglichten die gewachsenen technischen Möglichkeiten, solche »Trittbrettfahrer« schnell unschädlich zu machen. So teilte zum Beispiel Katrin Kleedehn von der Polizeidirektion Neubrandenburg im Juli 2017 mit: »Am 12.07.2017, gegen 8:30 Uhr, erhielten zunächst die Einsatzleitstelle und schließlich das Polizeirevier Grimmen mehrere Anrufe von einem unbekannten Mann mit unterdrückter Rufnummer. In gebrochenem Deutsch teilte dieser der Polizei mit, er hätte eine Frau als Geisel und verlange 50.000 Euro in bar. Diese sollen in einem von ihm genannten Ablageort deponiert werden. Zudem gab er an, die Frau mit einer Waffe zu bedrohen … Im Zuge der sofort eingeleiteten Ermittlungen und Fahndungsmaßnahmen konnte der Anschlussinhaber des Handys festgestellt werden … In der Wohnung trafen die Polizisten zwei Männer (26 und 33 Jahre) und eine

22-jährige Frau an. Alle drei Personen wurden zur Dienststelle in Grimmen verbracht ... Der 26-jährige Beschuldigte, welcher nach ersten Erkenntnissen die Anrufe bei der Polizei tätigte, wies 1,89 Promille auf. Er besitzt die deutsche Staatsangehörigkeit, so dass zu vermuten ist, dass er einen Akzent vorgetäuscht hat. Ferner ist er bereits mehrfach polizeilich in Erscheinung getreten. Der 33-Jährige stand nach dem Ergebnis eines Vortests unter Einfluss von Betäubungsmitteln ... Insgesamt waren ca. 200 Polizeikräfte am Einsatz beteiligt.«

Angesichts der riesigen potentiellen Gefahr bei derartigen Fällen herrschte auch bei der Polizei in Leipzig Großalarm, als am 7. Juni 2017 ein Notruf auf der Nummer 110 einging. Gegen 15.30 Uhr meldete sich eine kindliche Stimme: »Ich bin entführt worden in einem weißen Transporter, da steht grün M... drauf. Jetzt hält er an ... bitte retten Sie mich.« Polizeisprecher Andreas Loepki berichtete über den ersten Eindruck: »Die Stimme klang aufgeregt, aber das Mädchen konnte uns noch sagen, wie es heißt, wie alt es ist, und einen Ort im Leipziger Südwesten beschreiben.«

Noch ahnte die Polizei nicht, dass der Entführer das Handy-Telefonat der Zwölfjährigen bemerkt hatte, anhielt, ihr das Telefon entriss und sie vergewaltigte. Dennoch verlief die Polizeiaktion erfolgreich. Gegen 19.35 Uhr meldete sie: »Nachdem der Notruf der Entführten gegen 15:30 Uhr eingegangen war, konnten die Beamten zügig Auto (weißer Ford Transit) sowie Fahrer identifizieren. Um 18:10 Uhr geriet der Wagen auf der BAB 38 ins Blickfeld der Beamten. 20 Minuten später – Zugriff! Die Beamten stoppten den Ford bei Söhesten, Sachsen-Anhalt. Der 36-jährige Leipziger wurde festgenommen, das Mädchen lebend befreit.«

Täter Frank L. hatte sich auf sein Verbrechen gründlich vorbereitet. Bereits Tage zuvor mietete er das Auto und klebte die Scheiben mit dunkler Folie ab. Für die Polizei war Frank L. kein Unbekannter. Schon 2015 wurde er zu einer Geldstrafe von 180 Tagessätzen à 40 Euro verurteilt, weil er sich beim Sex mit einer Jugendlichen filmte und das Mädchen danach mit dem Video erpresste. Zudem fand man bei ihm damals zahlreiche Kinderpornos. Das Gericht hatte ihm deshalb verboten, Kontakt zu Kindern aufzunehmen.

In seinem Umfeld verhielt sich Frank L. unauffällig. Der aus Lützen stammende Mann arbeitete in Leipzig bei der Firma Thyssen-Krupp, die Autoteile für das benachbarte Porsche-Werk herstellte. Seine Kollegen beschrieben ihn als Einzelgänger, der gut arbeitete, aber unter ihnen auch gern mit seinen Sex-Erlebnissen prahlte.

Wahrscheinlich spionierte er sein Opfer vor der Tat aus, denn Frank L. wartete bereits an der nahen Bushaltestelle, als am 12. Juli 2017 um 15.20 Uhr Schulschluss am Bischöflichen Maria-Montessori-Schulzentrum in Leipzig-Grünau war. Die zwölfjährige Gymnasiastin, auf die er es abgesehen hatte, verabschiedete sich von ihren Freundinnen, ging allein in Richtung Schönauer Brücke. Dort zog sie Frank L. in seinen Transporter, sperrte sie in den Laderaum und fuhr los.

Die Polizei erkannte die gefährliche Lage: Das bestätigte Peter Guld, Landesvorsitzender Sachsen beim Bund Deutscher Kriminalbeamter (BDK): »Bei dem, was er da getan hatte, und seiner vorherigen Verurteilung kann man unterstellen, dass er wusste, was ihn erwartet. Er stand unter einem wahnsinnigen Druck, was die Gefahr von Panikreaktionen mit sich bringen kann. Das Mädchen hat sich in allerhöchster Lebensgefahr befunden … Unsere kriminologische Erfahrung sagt, dass solche Taten nicht selten mit einem Verdeckungsmord enden.« Besonders erschreckend war für ihn, dass Frank L. offenbar keine Maßnahmen traf, die ihn vor einer späteren Identifizierung hätten schützen können. »Täter, die ihre Opfer zurückbringen wollen, sorgen dafür, dass ihre Opfer sie nicht sehen.«

Als der Ford gestoppt wurde, waren es nur noch sieben Autominuten bis zum ehemaligen Tagebau Profen. Die Polizei vermutete, dass er das Ziel des Kidnappers gewesen sein könnte.

Am 6. Dezember 2017 verurteilte das Landgericht Leipzig Frank L, zu einer Haftstrafe von sechs Jahren und elf Monaten. Wegen der besonders schutzwürdigen Interessen des minderjährigen Opfers erfolgte der gesamte Prozess und damit auch die Urteilsbegründung unter Ausschluss der Öffentlichkeit. Verurteilt wurde Frank L. wegen schwerer Vergewaltigung, schweren sexuellen Missbrauchs des Kindes sowie Freiheitsberaubung. Die Staatsanwaltschaft hatte elf Jahre Haft gefordert. Dem Täter wurde jedoch angerechnet, dass er sein Verbrechen gestand und so dem Opfer eine erneute Aussage vor Gericht ersparte.

Trotzdem hielt die Staatsanwaltschaft das Urteil für zu milde und legte Revision ein. Die Entscheidung des Bundesgerichtshofs wurde bisher nicht bekannt.

Gestohlenes Leben

Es geht ums Geld: Erpresserischer Menschenraub

Entführungen, um damit Geld zu erpressen, kannten DDR-Bürger nur aus dem anderen Teil Deutschlands. Ob Aldi-Gründer Theo Albrecht 1971, die einundzwanzigjährige Tochter Evelyn des *Wienerwald*-Besitzers Friedrich Jahn 1973, Firmenerbe Richard Oetker 1976 oder der Enkel von Medienzar Axel Cäsar Springer, Axel Sven Springer 1985 und die vierzehn und sechzehn Jahre alten Kinder Lars und Meike des Drogeriekönigs Anton Schlecker 1987 – immer ging es darum, Millionen von den reichen Familien zu erpressen.

Fünfundzwanzig Jahre nach der deutschen Einheit gab es auch in Ostdeutschland wohlhabende Leute, bei denen Kriminelle dachten, sie könnten für gestohlenes Leben Geld kassieren. Am 13. August 2015 wurde die siebzehnjährige Anneli-Marie Riße aus Robschütz im Landkreis Meißen das Opfer des arbeitslosen Kochs Markus B., neununddreißig Jahre alt, und des gelernten Forstwirts und späteren Schrotthändlers Norbert K., einundsechzig Jahre alt. Sie war das Nesthäkchen der fünfköpfigen Familie des siebenundfünfzigjährigen Bauingenieurs und selbständigen Bauunternehmers Uwe Riße und seiner Frau Ramona, damals vierundfünfzig Jahre alt, und besuchte das Geschwister-Scholl-Gymnasium in Nossen.

Nach dem Abendbrot an jenem Donnerstag nahm sich Anneli-Marie ihr Fahrrad und begann ihre übliche Runde mit »Paula«, dem Hund der Familie. Die junge Frau ahnte nicht, dass zwei Männer bereits darauf warteten, sie zu entführen. Die beiden zerrten die Siebzehnjährige in ihr Auto und riefen mit deren Handy ihren Vater an. Der war nach der Hitze des Tages am kühleren Abend gerade beim Rasenmähen und hörte das Klingeln nicht, Dann sah er jedoch, dass ein Anruf eingegangen war und rief zurück. Am anderen Ende meldete sich eine unbekannte Männerstimme. Sie forderte 1,2 Millionen Euro Lösegeld. Das klang wie im Krimi und Uwe Riße nahm es zunächst gar nicht ernst – bis der Entführer drohte: »Sonst landet Dein Kind in Polen und Du wirst es nie wieder sehen.« Der Vater vernahm im Hintergrund Schreie seiner Tochter. Nun wusste er, dass es um Leben oder Tod ging.

Er machte sich sofort auf die Suche nach Anneli-Marie. An einem Feldweg zwischen dem Dorf Luga und der Bundesstraße 101 fand er nur ihr Fahrrad und den daran festgebundenen Beagle »Paula«. Noch während er unterwegs war, alarmierte Mutter Ramona die Polizei. Am gleichen Abend meldete sich der Entführer erneut und verlangte, dass das Lösegeld bis Freitagmittag zu zahlen sei. Dazu war Uwe Riße bereit. Bei zwei Banken bekam der als wohlhabend bekannte Mann die 1,2 Millionen Euro einen Tag nach der Entführung, am 14. August 2015, zusammen. Beamte des Landeskriminalamtes holten das Geld in bar ab. Gegen Mittag meldeten sich die Kidnapper erneut. Nun verlangten sie die Überweisung auf ein Konto in Malaysia, nannten aber weder eine Nummer, noch den Empfänger. Ein Lebenszeichen von Anneli-Marie verweigerten sie. Es war der letzte Anruf der Entführer.

Derweil ermittelte die Polizei auf Hochtouren. Die ersten Spuren, die mit einem Fährtenhund verfolgt wurden, blieben ohne Erfolg. Die Eltern wandten sich in einem offenen Brief an die unbekannten Täter und baten sie, sie mögen das Mädchen freilassen. Darauf gab es keine Reaktion. Insgesamt gingen über fünfzig Hinweise aus der Bevölkerung ein. Zeugen hatten ein silberfarbenes Auto gesehen, und am Fahrrad des Mädchens fanden die Ermittler DNA-Spuren, die zu einem Verdacht führten. Durch den Abgleich von Handydaten geriet auch einer seiner Bekannten ins Visier der Polizei. Beide wurden observiert. Am 16. August nahm die Polizei Markus B. im bayrischen Burgebrach und Norbert K. in Dresden-Cotta fest. Nach seinen Hinweisen fand sie am 17. August auf einem leerstehenden Bauernhof in Lampersdorf die Leiche von Anneli-Marie. Die Gerichtsmediziner entdeckten, dass das Mädchen bereits am Freitag ermordet worden sein musste. Am 18. August erklärte Dresdens Polizeipräsident Dieter Kroll: »Nach dem Fund einer Frauenleiche gestern Abend in Lampersdorf wurde zur traurigen Gewissheit, dass Anneli tot ist.«

Die Entführung war von Markus B. von langer Hand vorbereitet worden. Vor Gericht trug Oberstaatsanwältin Karin Dietze vor: »B… und K… lernten sich im Februar 2014 kennen. Sie wurden Freunde, beide hatten Schulden, waren arbeitslos. Im Mai 2015 entschloss sich B…, eine Person zu entführen. Er recherchierte im Internet nach geeigneten Personen, kauft Kabelbinder im Baumarkt und eine Flasche Äther. Er hatte seit Juli die Familie Riße in Erwägung gezogen, alles ausgekundschaftet. Ab Anfang August sei K… in den Plan involviert. Angeblich sei er aber dagegen gewesen, Anneli zu ermorden.« Doch B. ließ sich nicht mehr davon abbringen. Er fürchtete, das Mädchen hätte ihn identifizieren können. Die Staatsanwältin: »K… war entsetzt, hielt B… aber nicht vom Morden ab.«

Die Anklage warf in der am 30. Mai 2016 vor dem Landgericht Dresden begonnenen Hauptverhandlung Norbert K. und Markus B. erpresserischen Menschenraub mit Todesfolge und letzterem zudem Mord vor.

Als Motiv nannte der leitende Staatsanwalt Erich Wenzlick die Habgier der beiden Männer vor dem Hintergrund ihrer Schulden. Bei Norbert K., der von Hartz IV lebte, soll es sich um eine Summe von rund 40.000 Euro gehandelt haben. Markus B, von dem die Initiative ausging, lebte zur Tatzeit von 1.360 Euro Arbeitslosengeld. Er war aus dem Dreiseithof in Lampersdorf bei Meißen ausgezogen und hatte ein Haus in Bayern gekauft. Dafür betrug seine Schuldenlast 571.000 Euro. Die Männer planten, sich die 1,2 erpressten Millionen Euro von Bauunternehmer Uwe Riße zu teilen; 800.000 Euro beanspruchte Markus B., 400.000 Euro sollte Norbert K. bekommen.

Am 24. August 2016 forderte die Staatsanwaltschaft die Höchststrafe für den vorbestraften Markus B. wegen Mordes zur Verdeckung einer schweren Straftat sowie die Feststellung der Schwere der Schuld. Für seinen Komplizen Norbert K. beantragte sie fünfzehn Jahre wegen Mordes durch Unterlassen. Zwei Tage später plädierte die Verteidigung auf zwölf Jahre Freiheitsstrafe für Markus B. sowie vier Jahre und fünf Monate für Norbert K. wegen Beihilfe zum erpresserischen Menschenraub. Sie sehe keinen Beweise für Mord, hieß es in der Begründung.

Am 5. September 2016 verurteilte das Landgericht Dresden unter Vorsitz von Richterin Birgit Wiegand Markus B. zu einer lebenslangen Freiheitsstrafe und Norbert K. zu achteinhalb Jahren Haft. Das Gericht sah es als erwiesen an, dass die beiden Männer das Mädchen in ein Auto gezogen und entführt hatten. Bei Markus B. wurde zudem eine besondere Schwere der Schuld festgestellt.

In ihm sah die Vorsitzende Richterin die treibende Kraft des Verbrechens. Markus B. plante die Entführung und führte sie mit brutaler Gewalt aus. Er tätigte die Erpresseranrufe und fasste schließlich den Entschluss, das Mädchen zu ermorden. Die Ermittler rekonstruierten, dass er drei Mordversuche unternahm, bevor Anneli-Marie zu Tode kam. Richterin Birgit Wiegand fasste nach dem Urteil zusammen: »Für uns wäre es nicht hinnehmbar, wenn Sie nach fünfzehn Jahren aus der Haft entlassen würden.«

Bei seinem Komplizen Norbert K. zeigte sich das

Gericht überzeugt, dass er beim Mordgeschehen nicht selbst Hand anlegte, aber beizeiten von der Absicht Markus B.s wusste. Er wies ihn darauf hin, dass Anneli-Marie sie jederzeit identifizieren könne, wenn sie überlebte. »Er wollte selbst ihren Tod«, konstatierte die Richterin. Das bewiesen die vielen Möglichkeiten, die Norbert K. ungenutzt ließ, um den Mord zu verhindern. Er war zeitweise mit der auf einen Stuhl gefesselten Anneli-Marie allein in der Scheune und hätte sie ohne Weiteres befreien können. Deshalb sprach das Gericht Norbert K. des Mordes durch Unterlassen schuldig.

Der Bundesgerichtshof verwarf mit Beschluss vom 27. Juni 2017 die Revision der Täter und bestätigte damit die Urteile.

Anfang 2016 riefen die Eltern des ermordeten Mädchens eine gemeinnützige Stiftung ins Leben, die den Namen Anneli-Marie trug. Das Stiftungsvermögen betrug bei der Gründung 20.000 Euro Bargeld und 578.000 Euro Immobilienvermögen in Form eines Wohngebäudes in der Talstraße 58 in Meißen. Der Zweck der Anneli-Marie-Stiftung besteht in der Förderung von Jugendlichen und der Unterstützung von Familien, die traumatische Erlebnisse erlitten haben. Den Eltern des ermordeten Mädchens ging es aber auch noch um etwas anderes: Opfer von Verbrechen verliert die Öffentlichkeit schnell aus dem Blick. Finden sich über die Täter meist umfangreiche Berichte, bleiben sie oft mit ihren traumatischen Belastungen allein. Dagegen wollten sie etwas unternehmen.

Wie kompliziert die Aufklärung solcher Entführungsfälle ist, hatte sich bereits zuvor im Fall Stefan T. gezeigt. Sein geschäftlicher Erfolg brachte ihn ins Visier eines Menschenräubers und Erpressers. Am 5. Oktober 2012 wollten der dreiundfünfzigjährige Investmentmanager und seine Frau mit ihrem damals zehnjährigen Sohn die letzten Herbsttage nutzen, »um ein schönes langes Wochenende zu verbringen«. Stefan T. erinnert sich noch genau an diesen Tag in ihrem Ferienhaus im Storkower Ortsteil Hubertushöhe. Gegen halb zehn am Abend ließ seine Frau vor dem Schlafengehen noch einmal den Rhodesian Rigdeback in den Garten. Wie immer blieb die Haustür nur angelehnt.

Auf diesen Moment hatte Mario T. gewartet. Der durchtrainierte Sechsundvierzigjährige plante eine Entführung, um eine Millionensumme zu erpressen.

Er habe den Hund »ungewöhnlich laut bellen gehört«, erinnert sich Stefan T., und dann stand plötzlich ein maskierter Mann vor ihm: »Ich habe ihn komplett dunkel erlebt. Für mich war das der schwarze Mann. Es war ein Albtraum.« Später berichtete er vor Gericht: »Ich hab ›Raus! Was willst du?‹ geschrien.« Dann griff er reflexartig nach einer Weinflasche und warf sie in Richtung des Maskierten. Der Eindringling hatte sich mit einem Hut mit dicker Gaze vor dem Gesicht, so wie ihn Bienenzüchter tragen, getarnt. Deshalb nannte sich später die sechzigköpfige Sonderkommission der Polizei auch »Imker«. Für die Presse hieß der vermummte Täter »Der Maskenmann«.

Er ließ von Anfang an keinen Zweifel an der Ernsthaftigkeit seines Vorhabens und schoss in die Decke des Ferienhauses. Mit tiefer rauer Stimme – später ein wichtiges Indiz zu seiner Identifizierung – offenbarte er sein Motiv: »Es geht nur um Geld.« Dann forderte er von Stefan T.s Frau, ihren Mann zu fesseln und ihm mit Paketband die Augen zu verkleben. Sie stand unter Schock und konnte sich nicht bewegen. Der Sohn führte den Befehl aus, um seinen Vater zu schützen. Danach drohte der Maskierte: »Keine Polizei! Wenn die im Spiel ist, schieße ich deinen Mann zum Krüppel und hole mir das Kind.«

Stefan T. musste ins Wasser steigen, um den Oberkörper eine vom Täter gehaltene Leine, und sich an einem Kajak festhalten. Sturm jaulte, es war eiskalt. Nach einigen Minuten zwang der Entführer den Unternehmer, sich auf eine Luftmatratze zu legen, nach etwa einer halben Stunde hielten sie an einem Sumpf. Mit verklebten Augen musste das Opfer nun vorangehen, fiel in den Matsch und in Wasserlöcher, bis sie eine nur zwei Quadratmeter große Insel im Schilfgürtel des Storkower Sees erreichten. Dort war offenbar ein Versteck für das Opfer vorbereitet, denn der Maskenmann gab Stefan T. trockene Kleidung und stellte ein paar Fragen. Ob seine Frau vielleicht doch die Polizei holen würde, wollte er wissen, wie hoch das Vermögen seines Opfers sei. Es stellte sich auch heraus, dass er das Ferienhaus des Unternehmers lange ausspioniert hatte. Er kannte sogar die Bilder an der Wand.

Dann ließ der Kidnapper sein Opfer allein auf der Insel zurück, rücklings an einen Baum gefesselt, Augen und Ohren verklebt und nur mit einer kleinen Öffnung für einen Silikonschlauch, mit dem Stefan T. Wasser aus dem See trinken konnte. Trotz Todesangst entschloss er sich in der Nacht zum Sonntag, die Flucht zu versuchen. Die Fesseln ließen sich mühsam lockern. Dann ließ ein nicht allzu fernes Licht den Manager auf Hilfe hoffen. Doch es war der »Maskenmann« mit einer Taschenlampe in der Hand. Stefan T. ließ sich fallen, »das Gesicht im Sumpf, dem Boden gleich«. Er spürte, wie nah ihm der Mann war, doch der fand ihn in der Dunkelheit nicht. In Wendisch-Rietz, klingelte der schlammverkrustete Flüchtling an einer Tür und bat: »Sie müssen mir nicht aufmachen. Aber rufen Sie bitte die Polizei.«

Für die SOKO »Imker« begann eine lange Ermittlung. In den TV-Sendungen »Aktenzeichen XY … ungelöst« des ZDF und »Täter, Opfer, Polizei« des RBB wurde gefahndet, und bald vermutete die Polizei, dass es nicht die erste Entführung des »Maskenmanns« war. Im Sommer und Herbst 2011 gab es bereits zwei Angriffe auf die Familie des Berliner Unternehmers Christian Pepper, eines weltweit agierenden Immobilieninvestors, damals dreiundsechzig Jahre alt. Von ihm wollte der »Maskenmann« eine Million Euro erpressen. Am 11. August 2011 lauerte er Petra Pepper, damals sechzig Jahre alt, vor ihrer Villa in Bad Saarow auf und schlug sie mit einem Knüppel nieder. Dann bissen ihn die Hunde der Familie in die Flucht. Die

Frau blieb schwer verletzt zurück. Am 2. Oktober 2011 versuchte es der Entführer erneut. Kurz nach sieben Uhr morgens trainierte die fünfundzwanzigjährige Tochter Louisa mit ihrem Pferd. Plötzlich stand ein maskierter Mann in einem Militär-Tarnanzug vor ihr. Er schoss dreimal, der nach dem ersten Überfall von Christian Pepper engagierte Bodyguard warf sich vor die junge Frau und wurde statt ihrer getroffen. Er überlebte, blieb aber seither querschnittsgelähmt. Der Schütze floh mit einem Motorrad.

Die von ihm benutzte Pistole »Ceska« gab einen wichtigen Hinweis darauf, dass es sich bei der Entführung von Stefan T. um den gleichen Täter handeln könnte. Die Sonderkommission fand zu beiden Fällen eine Menge Spuren. Am Ende waren es 1.049 Hinweise, die bearbeitet wurden. Die Ermittlungsakte umfasste 251 Bände mit 58.500 Blatt Papier.

Die Suche nach Mario K. endete am 17. September 2013 um 17.56 Uhr mit dessen Festnahme durch ein Sondereinsatzkommando der Polizei im Berliner Einkaufszentrum »Forum Köpenick«. Dem ging eine lange und schwierige Observation voraus. Mario K. hatte sein Konto aufgelöst und lebte seit dem Frühjahr 2013 in den Wäldern rings um Berlin. »Er wechselte die Gebiete manchmal sogar innerhalb eines Tages, um Spuren zu verwischen«, berichtete ein Ermittler. Potsdams Polizeipräsident Arne Feuring ergänzte: »Es war eine Leistung, an ihm dran zu bleiben. Er legte an einem Tag bis zu 135 Kilometer mit dem Rad zurück.« Sein persönliches Hab und Gut deponierte Mario K.

in einem Container auf einem Grundstück an der Ulmenallee in Ahrensfelde bei Berlin. Bei der Durchsuchung durch die Brandenburger Polizei wurde dort zahlreiches Beweismaterial sichergestellt. So konnten sich die Ermittler auf »eine lange Kette von Erkenntnissen und Indizien« stützen, wie der Polizeipräsident betonte.

Sie waren es dann auch, die im Prozess die entscheidende Rolle spielten. Im Mai 2014 begann das Verfahren gegen Mario K. vor dem Schwurgericht des Landgerichts Frankfurt an der Oder. Der Angeklagte schwieg und ließ nur durch seinen Verteidiger Axel Weimann mitteilen: »Ich war es nicht.«

Dabei blieb es während des Prozesses, der sich deshalb nur auf Indizien stützte. Am 12. Juni 2015 verurteilte Richter Matthias Fuchs den vorbestraften und als Gewalttäter bekannten früheren Dachdecker Mario K. zu einer lebenslangen Haftstrafe. An den von ihm verletzten Wachmann der Familie Peppers soll er 250.000 Euro Schmerzensgeld zahlen. Am 8. April 2016 meldete die Nachrichtenagentur dpa: Die lebenslange Freiheitsstrafe im sogenannten »Maskenmann«-Prozess um Überfälle auf Millionäre ist rechtskräftig. Der Bundesgerichtshof hat die Revisionsanträge des Verurteilten und der Nebenklage als unbegründet verworfen.

Der Verteidiger von Mario K., Axel Weimann, ist dennoch davon überzeugt, dass es ein falsches Urteil war. Dabei stützt er sich darauf, dass die Staatsanwaltschaft Cottbus gegen drei Polizeibeamte wegen angeblicher Falschaussage ermittelte. Sie hatten auf Widersprüche bei der Arbeit der Mordkommission aufmerksam gemacht und bezeugten, dass Direktiven ihrer Vorgesetzten die Ermittler zu einseitigem Vorgehen zwangen. In Zweifel stand auch das Gutachten einer Sachverständigen. Nach Auffassung der Kritiker wurde eine mögliche fingierte Entführung nicht ausreichend untersucht und Hinweisen auf weitere Tatverdächtige nicht nachgegangen. In den Ermittlungen gegen die Beamten sehen sie einen unzulässigen Eingriff zuungunsten des Angeklagten Mario K. Erst nach vier Jahren, Ende Mai 2019, stellte die Staatsanwaltschaft wegen »Fehlen eines hinreichenden Tatverdachts« diese Ermittlungen ein. *Der Tagesspiegel* kommentierte am 23. Mai 2019: »Der Fall wirft auch ein Schlaglicht darauf, wie Polizeibeamte, die Rückgrat zeigen wollte, die auf rechtsstaatliche Prinzipien gepocht haben, von der Behörde, von den Vorgesetzten, von der Justiz ins Visier genommen wurden – und zum Teil auch gebrochen wurden.«

Mario K.s Verteidiger Axel Weimann sagte dem Blatt dazu: »Nach allem, was ich im Maskenmann-Verfahren erlebt habe, bin ich immer davon überzeugt gewesen, dass gerade diese drei Polizeibeamten keine Falschaussage gemacht haben.« Er schlussfolgerte daraus: »Da mit Mario K. nach wie vor der Falsche in Haft sitzt, habe ich den Fall nach wie vor nicht ad acta gelegt.«

Auch für Mario K. war die Sache offenbar noch längst nicht abgeschlossen. Am 30. September 2019 versuchte der inzwischen Zweiundfünfzigjährige, aus der Justizvollzugsanstalt Tegel auszubrechen. Gegen 4.30 Uhr war es ihm gelungen, aus dem Fenster seiner Zelle zu steigen. Dann seilte er sich aus dem dritten Stock ab, was die Wärter vereiteln konnten.

Kriminaltechniker fanden im Verwahrraum Zitronen, Backpulver, das aus Natron besteht, Putzmittel, aufgeschnittene Plastikflaschen, Schwämme sowie viele leere Kugelschreiberminen, die zu Schläuchen ineinander gesteckt waren und Batterien. Sie vermuteten, dass Mario K. damit die Gitterstäbe nach dem Elektrolyse-Verfahren galvanisch zersetzt hat. Aufgefallen war es jedoch niemandem, obwohl das Fenster wenige Tage zuvor im Rahmen der gegen den Verurteilten verhängten Sicherheitsverfügung kontrolliert worden war.

Wie er seinen Ausbruchsversuch bewerkstelligte, verriet der »Maskenmann« nicht. Der Berliner Justizsprecher Sebastian Brux versicherte jedoch, dass alles gründlich untersucht würde: »Wenn wir dann wissen, wie er es gemacht hat, werden wir uns damit beschäftigen, ob wir einzelne Produkte künftig in der Haft nicht mehr zulassen und entsprechende Informationen an die anderen Haftanstalten schicken.«

Eine nochmalige neue Verhandlung seines Falls dürfte für Mario K. schwierig werden. Eine Wiederaufnahme eines rechtskräftig abgeschlossenen Verfahrens ist nach Paragraph 362 der Strafprozessordnung (StPO) zugunsten des Verurteilten zwar möglich, aber der Paragraph 358 StPO fordert dafür als Voraussetzung neue Tatsachen oder Beweise im abgeurteilten Fall. Die Justizpraxis hat in der Vergangenheit gezeigt, dass die Hürden eines solchen Wiederaufnahmeverfahrens hoch sind.

Tod aus dem Internet

Eine flüchtige Bekanntschaft mit tragischem Ende

»So ein Verletzungsbild ist sehr selten«, erklärte Gerichtsmediziner Dr. Jürgen Becker aus Frankfurt an der Oder am 15. Dezember 2014 vor dem Landgericht Cottbus. Es ging um den Mord an der vierzehnjährigen Alyssa B. aus Eichwalde bei Berlin, verübt am 18. November 2013 durch den damals zwanzigjährigen Maurice M. aus Nordrhein-Westfalen. Die beiden hatten sich ein paar Wochen zuvor im Internet kennengelernt.

Rund sechshundert Tote pro Jahr obduzieren die Rechtsmediziner in Frankfurt an der Oder. Im Fall Alyssa gab es Besonderheiten, die Dr. Becker vor Gericht erklärte. Der Täter habe nicht nur auf ein Körperteil eingestochen, auch am Kopf, am Bauch und am Rücken. Insgesamt achtundsiebzig Mal. Das spreche nicht für eine ungeplante, unbeherrschte Tat, sagte der Mediziner. Wer jemanden im Affekt umbringe, der steche erfahrungsgemäß immer wieder auf dieselbe Stelle ein.

Kurz zuvor machte die siebenundvierzigjährige Notärztin ihre Aussage, die an jenem Tag gerufen wurde. Bereits während der Fahrt im Rettungswagen erfuhr sie von der Leitstelle, dass das Opfer »Verletzungen erlitten habe, die mit dem Leben nicht vereinbar seien«. Der Bauch des Mädchens sei eine einzige offene Wunde gewesen, beschrieb es die Ärztin. Sie konnte nur noch den Tod feststellen. Dann wurde sie zu einem anderen Notarztwagen gerufen, in dem ein teilnahmsloser junger Mann hockte. Er hatte angeblich versucht, sich auf den nahe gelegenen Bahngleisen das Leben zu nehmen. Maurice M., der Mörder des Mädchens, wie sich erst später herausstellte.

Alles begann auf der Internetplattform *Jappy*. Sie wurde 2001 unter dem Namen *singletreffen.de* in Deutschland gegründet. Zugang haben dort bereits Zehnjährige, eine Überprüfung des tatsächlichen Alters gab es nicht. Kommuniziert wurde unter den anzumeldenden Phantasie-Namen. Internetexperten bewerten *Jappy*, das sich über Werbung finanziert und deshalb für die Nutzer kostenfrei agierte, als »freizügige Kontaktbörse«. Nutzer registrierten sich mit Geburtsdatum, Wohnort, E-Mail-Adresse, Nickname und Passwort. Echt musste dabei nur die Mail-Anschrift sein, denn man wollte ja erreicht werden. Wie die auf diese Weise Kontaktsuchenden ihr Profil auf der Plattform gestalteten, blieb ihnen überlassen. Sie bot die Möglichkeit, Profilfotos hochzuladen, um anderen Nutzern gleich zu zeigen, mit wem sie es zu tun hatten.

Alyssas Mutter Jeanette soll dagegen gewesen sein, dass ihre Tochter im Internet zu wildfremden Menschen Kontakt aufnahm. Später berichtete die Neunundvierzigjährige, dass sie dafür gesorgt habe, dass Alyssas Profil und der Zugang zu den Netzwerken gesperrt wurden. Geholfen hatte das nicht, denn das Mädchen machte mit Hilfe einer Freundin heimlich weiter. In ihrem Profil gab sich die Vierzehnjährige um zwei Jahre älter aus. Womöglich fühlte sie sich geschmeichelt, dass sich ein bereits erwachsener Mann für sie interessierte. Jeanette B. sagte aus, dass sie von der heimlichen Fortsetzung der Internetbekanntschaft ihrer Tochter vor der Tat nichts wusste. So chattete Alyssa eine Weile mit einem sechs Jahre älteren Mann aus Lohmar.

Alyssa B. und Maurice M. teilten ihre Vorliebe für japanische Mangas. Diese Form der Comics gehört zur japanischen Literatur- und Kulturgeschichte. Sie erzählen lange Geschichten, oft wie ein Film aufgebaut, und zeichnen sich durch besondere Stilmerkmale aus. Die Figuren erscheinen niedlich bis kindlich, meist mit großen aufgerissenen Augen, wuchtigen Frisuren, einem kleinen Mund über dem spitzen Kinn und einer Stupsnase dargestellt. Das mochte auch das Mädchen aus Eichwalde. Auf Fotos ihres Internetprofils war ihr Gesicht nach Manga-Art geschminkt. Die langen schwarzen Haare endeten auf der Stirn in einem Pony, und angeklebte Wimpern komplettierten das Bild. Wie viele junge Mädchen liebte das Mädchen das Verkleiden, auch wenn heutzutage »die Prinzessin« aus der Mode gekommen ist. Ihre Mutter Jeanette erinnerte sich: »Alyssa war ein Gothic-Fan, trug viel schwarz. Zu ihrem vierzehnten Geburtstag haben wir ihr einen Schirm geschenkt, mit schwarzer Spitze. Damit haben wir sie überrascht. Als sie den bekommen hat, ist sie uns um den Hals gefallen. Danach ist sie gleich mit dem Schirm einkaufen gegangen.«

Für Maurice M. schien Alyssa das Ideal seines Frauenbildes zu sein. Der zwanzigjährige, etwas schwerfällig wirkende junge Mann war ein Einzelgänger. Er schaffte es nur bis zum Abschluss der achten Klasse der Hauptschule. Sein Leben spielte sich im Internet ab. Auf *Jappy* nannte sich Maurice »Ryuu«, nach einem japanischen Manga-Comic-Helden.

Im richtigen Leben war er nicht so beliebt wie sein Internetspiegelbild. Mitschüler aus der Hauswirtschaftsklasse seines Berufsvorbereitungsjahrs berichteten im September 2014 vor Gericht über den »kleinen dicken Eigenbrödler«, der zu »nationalsozialistischen Ausfällen« neige. Immer wieder soll er sich ihnen gegenüber abfällig über in Deutschland lebende Ausländer geäußert haben und dass »man sie eigentlich vergasen oder abstechen« müsse. Sehr ernst nahm ihn jedoch keiner der vier jugendlichen Zeugen, auch nicht, wenn er von »Rauschgift-Konsum« oder einer »Freundin« erzählte. Er sei eben »ein Spinner« gewesen.

Heike Lehmann-Gerstel, Gefängnispsychologin in der JVA Wriezen, in der Maurice M. während des Prozesses inhaftiert war, sah das anders. Sie berichtete im Dezember 2014 vor Gericht, dass sie den Angeklagten zwar als ruhigen, höflichen und entspannten Häftling erlebte, er aber nicht zur Empathie fähig sei, sehr manipulativ agiere, wenn es um seine Bedürfnisse gehe. Mit seiner Tat beschäftige er sich nicht, er lebe »in seiner eigenen Welt«. Maurice M. hielt sich nach Ansicht der Psychologin für überdurchschnittlich intelligent und habe auch schon Gespräche mit dem Gefängnispersonal abgelehnt; die Leute seien ihm intellektuell unterlegen. Heike Lehmann-Gerstel hatte den Eindruck, er wolle nichts von sich persönlich preisgeben.

Am gleichen Tag sagte eine fünfzehnjährige Schülerin, mit der Maurice M. ebenfalls gechattet hatte, vor Gericht aus, dass er sie dabei massiv unter Druck setzte. Neben Liebesbekundungen gab es Suizid-Drohungen. Außerdem erklärte die Zeugin, dass M. ihr immer wieder Mordphantasien schilderte – »total kranke Sachen«.

In den mit Alyssa B. getauschten E-Mails, in denen Maurice M. das Mädchen »Alice« nannte, schien zunächst noch die Traumwelt vorzuherrschen: »Schatz, du bist tausendmal schöner als die Mona Lisa. Ich liebe dich über alles und für immer«, schrieb er ihr. Nach einem ersten Treffen folgte am 28. Oktober 2013: »Ein wundervolles Wochenende mit Schatz verbracht, das tollste, das ich je hatte. Jede Sekunde war so wundervoll. Ich freue mich sehr auf Freitag, dann bin ich wieder bei Alice.«

Mutter Jeanette B. hatte von dem Treffen im Oktober 2013 abgeraten. Dennoch gab sie dem Wunsch ihrer Tochter nach. Am 5. September 2014, als sie und ihr Mann Andreas, dreiundfünfzig Jahre alt, das vom Verteidiger verlesene Geständnis des Täters und dessen Entschuldigung hörten, sprach sie auch über ihren ersten Eindruck, den der junge Mann damals auf sie machte. Der Gast schien so gar nicht zu ihrer Tochter zu passen: »Als ich ihn zuerst gesehen habe, bin ich erschrocken.« Klein, verschreckt, pummelig, die langen schwarzen Haare im Gesicht, begrüßte er Alyssas Eltern: »Aber er war immer höflich, fast schon zu höflich«, erinnerte sich Jeanette B. Ihre als Heilpraktikerin gesammelte Menschenkenntnis ließ sie dennoch skeptisch werden: »Zu meiner Arbeit gehört es, Menschen ins Herz zu schauen. Aber bei Maurice war keine Herzlichkeit, ich kam nicht an sein Herz.«

Auch Vater Andreas fiel etwas auf. Maurice hatte sich selbst zugefügte Wunden an den Armen. Psychologen nennen so etwas »autoaggressives« oder »selbstverletzendes« Verhalten. Oft ist es ein erstes Warnzeichen für Probleme in der Familie, Mobbing unter Gleichaltrigen oder sexuelle Frustrationen. Andreas B. sprach den jungen Mann darauf an – Maurice reagierte nicht.

Alyssas Eltern wussten nicht, was sie von ihm halten sollten. Trotzdem stimmten sie einem zweiten Treffen zu. Ihre Tochter fühlte sich bedrängt. Immer wieder beteuerte Maurice M. per SMS seine Liebe. Aber er drohte nun auch mit Selbstmord, würde sich das Mädchen von ihm trennen. Alyssa bat ihre Eltern um Hilfe. Sie wollte den erneuten Besuch nutzen, um ihrem Verehrer klar zu machen, dass ihre Beziehung keine Zukunft habe. Bei einer gemeinsamen Aussprache brach Maurice M. in Tränen aus. »Unerträglich«, nannte es der Vater im Rückblick. Er lehnte es ab, dass Maurice allein mit Alyssa sprach und hatte eine böse Vorahnung. »Wer weiß, vielleicht ist sie drei Minuten später tot.« Der Ingenieur konnte sich auf sein merkwürdige Verhalten keinen rechten Reim machen.

Den Grund dafür fand der psychologische Sachverständige Alexander Böhle. Er bestätigte im Prozess im Januar 2015, dass sich Maurice M. im Laufe seiner Chats mit Alyssa wohl vor allem selbst etwas vormachte. Er attestierte dem Angeklagten eine narzisstische Persönlichkeitsstörung und stellte fest: »Es gibt erhebliche Realitätsverzerrungen bei ihm.« M. sei selbstbezogen, egozentrisch und wenig einfühlsam. Seine Schuldfähigkeit schränke das nicht ein. Der Gutachter meinte, der junge Mann sei »reifeverzögert« und etwa auf dem Stand eines Sechzehn-, Siebzehnjährigen. Die Bluttat habe er »aus einer narzisstischen Kränkung heraus begangen«.

Dass ihre Internetbekanntschaft nicht das war, was sich Alyssa vorgestellt hatte, vertraute sie auch ihrer Freundin Jenny an. Nur das Schwärmen für japanische Mangas reichte ihr nicht, Maurice M. langweilte sie inzwischen. Das erzählte Jenny kurz vor Prozessbeginn einem Journalisten: »Die beiden waren kein Paar, und sie hätten auch gar nicht zusammengepasst. Maurice hatte nicht den Intellekt wie Alyssa. Und wahrscheinlich hat er das auch gespürt … Alyssa lernte autodidaktisch die japanische Sprache. Sie träumte davon, dieses Land einmal zu bereisen, vielleicht sogar dort zu studieren.« Das passe nicht zu einem erfolglosen Hauptschüler,. »Sie hat mir auch erzählt, dass sie Maurice lediglich als eine Internetbekanntschaft ansah, für die sie eigentlich nur Mitleid empfand.«

Im Prozess sagte Jenny am 17. November 2017 aus, Maurice M. habe ihre Freundin Alyssa mit »SMS zugespamt«. Manchmal schickte er ihr mehr als hundertfünfzig Kurznachrichten am Tag. Der Inhalt war fast immer der gleiche: Er liebe Alyssa und wolle sich das Leben nehmen, wenn sie seine Liebe nicht erwidere. Ihrem ersten Freund Christian, von dem sie sich inzwischen getrennt hatte, schrieb Alyssa: »Hilfe, er lässt mich nicht.« Dazu schickte sie Auszüge eines Chats, einer Internetunterhaltung, die sie mit Maurice führte. Er phantasierte darin, wie er mit ihr Sex habe. Sie schrieb, dass sie das nicht will. »Ich kann dich zwingen«, antwortete Maurice. Wie sehr sich das Mädchen unter Druck gesetzt fühlte, schrieb Alyssa in ihr Tagebuch. Sie möge den Einundzwanzigjährigen zwar, doch mehr nicht: »Aber plötzlich nennt er mich Schatz.«

All das machte Alyssa beim zweiten Besuch auch Maurice M. klar. Am Samstag, den 16. November 2013 brachte ihn ihre Mutter nach Berlin zum Busbahnhof, damit er zurück nach Nordrhein-Westfalen reiste. Zwei Tage später tauchte »Ryuu« plötzlich wieder in Eichwalde auf. In der Nähe des S-Bahnhofs, in der Heinrich-Heine-Allee, traf er auf das Mädchen. Ihr Schulkamerad Willy H. begleitete sie. Plötzlich brach ein heftiger und lautstarker Streit aus. Maurice M. schlug Alyssa mit einer Flasche auf den Kopf, dann stach er auf sie ein. Willy H. versuchte, dem Mädchen zu helfen. Dabei wurde der Fünfzehnjährige selbst leicht an der Hand verletzt.

Wenig später fand ein Spaziergänger die blutüberströmte Leiche des Mädchens und sah einen jungen

Mann mit auffällig blutigen Hände in Richtung Bahn-hof laufen. Er alarmierte die Polizei.

Ende November 2014 berichtete ein Streifenpolizist vor Gericht über jenen Tag. Er sei wegen eines »Mes-serangriffs auf ein Mädchen« zum S-Bahnhof Eich-walde gerufen worden. Als er dort eintraf, sah er das Mädchen auf dem Boden liegen, »mit multiplen Stich-verletzungen. Das T-Shirt war hochgeschoben«. Par-allel zu diesem Einsatz war noch eine andere Streifen-wagenbesatzung alarmiert worden. Ein junger Mann wolle sich das Leben nehmen, hieß es. Als die Poli-zisten bei dem potentiellen Selbstmörder Maurice M. eintrafen, saß er auf den Schienen am nahen Bahnhof. »Er klagte über Herzschmerzen«, sagte eine Polizistin. M. habe später im Polizeiauto teilnahmslos gewirkt. Auf Nachfrage habe er gesagt, dass er aus Berlin ange-reist sei, um mit seiner Freundin Alyssa zu sprechen. Er sei vom S-Bahnhof in Richtung Stadion gelaufen und habe sie dort blutüberströmt am Boden liegen se-hen. Da habe er sich umbringen wollen.

Schnell stellte sich Maurice M. als Tatverdächtiger heraus. Die Polizei ermittelte, dass er zwei Nächte in einem Berliner Hotel verbracht hatte, um dann noch einmal nach Eichwalde zu fahren und Alyssa zur Rede zu stellen. Im Hotel hinterließ er eine Tasche und ei-nen Abschiedsbrief an seine Eltern: »Wenn ihr das lest, bin ich schon tot …« Diese Ankündigung und das bei sich geführte Messer sprachen für eine geplante Tat.

Jeanette B. sah an jenem 18. November aus dem Fenster ihrer nahe gelegenen Heilpraxis die Polizeiabsperrung an dem vielleicht zweihundert Meter entfernten Wäldchen an der S-Bahn. Sie erkannte Polizisten und Feuerwehrleute und dachte dass sich schon wieder jemand vor die S-Bahn geworfen habe. So wie ihr ältester Sohn, der sich wenige Jahre zuvor, damals gerade zwanzig Jahre alt, auf diese Weise das Leben nahm. Vor Gericht beschrieb sie, dass sie sich zwar schon etwas Sorgen gemacht habe, weil Alyssa noch nicht aus der Schule zurück war: »Gott sei Dank, die Polizei kommt nicht zu mir«, dachte sie damals. »Und dann kamen sie doch.«

Für Klaus Scholz, den Notfallseelsorger in Eichwalde, war es das zweite Mal, dass er der Familie B. eine Todesnachricht überbringen musste. Den Schock der Eltern hat er nicht vergessen: »Das Trauma von 2011 ist wieder aufgerissen.« Von Zorn erfüllt habe die Mutter zunächst aus dem Haus laufen wollen, um den Täter zu bestrafen. Später wollten sie und ihr Mann die Trauer allein verarbeiten. Die grausame Tat ließ auch den Helfer in der Not nicht unberührt: »Als ich den mutmaßlichen Mörder ein paar Schritte vom Tatort entfernt auf den Schienen sitzen sah, habe ich Wut und Hass gespürt«, erinnerte sich Klaus Scholz später: »Ich hoffe, dass er seine gerechte Strafe erhält.«

Nach fast einem Jahr, am 30. April 2015, sprach das Landgericht Cottbus in dem am 18. August 2014 begonnenen Prozess gegen Maurice M. sein Urteil. Wegen Mordes musste er dreizehn Jahre und sechs Monate ins Gefängnis. Außerdem wurde er zu einem Schmerzensgeld »in angemessener Höhe« verurteilt.

»Das ist eine der grausigsten Taten, die mir in meiner Zeit als Richter untergekommen ist«, sagte der Vorsitzende Richter Thomas Braunsdorf bei der Urteilsbegründung. Der Staatsanwalt wie auch der Anwalt von Jeanette und Andreas B. forderten für den »feigen und brutalen Mörder« Maurice M. die Höchststrafe. Geurteilt wurde jedoch nach Jugendstrafrecht. Der Grund dafür lag darin, dass der Gutachter bei Maurice M. den Entwicklungsstand eines Sechzehnjährigen feststellte und er noch kein selbständiges Leben führe. Für Jugendliche gibt es bei Mord eine Höchststrafe von zehn Jahren. Seit September 2012 können bei besonderer Schwere der Schuld fünfzehn Jahre verhängt werden. In M.s Fall wurde sie festgestellt. Sein Geständnis wirkte sich etwas strafmildernd aus.

Das Gericht sah die Mordmerkmale Heimtücke und niedere Beweggründe als erfüllt an. Maurice M. habe Alyssa hinterrücks niedergeschlagen und ihre Arglosigkeit ausgenutzt. M. habe den Mord begangen, weil er sich durch Alyssa gekränkt fühlte, als sie mit ihm Schluss machte. Aus Wut darüber habe sie sterben müssen, meinten die Richter.

Die Verteidigung plädierte auf eine Verurteilung wegen Totschlags. Sie sah das Mordmerkmal Heimtücke als nicht erfüllt an. Grund: Alyssa sei auf offener Straße erstochen worden, Hilfeschreie hätten also Zeugen aufmerksam machen können.

Eine Gefängnis-Psychologin sagte im Prozess aus, dass sie bei Maurice M. keine Suizidgefährdung erkennen könne. Bei dem angenommenen Selbstmordversuch unmittelbar nach der Tat sei er zwar auf die Schienen gelaufen, sei aber von weitem zu erkennen gewesen, so dass der Lokführer problemlos bremsen konnte.

Am 22. Juni 2016 verwarf der 5. Strafsenat des Bundesgerichtshofs in Leipzig die Revision des Mörders. Aus Sicht des Angeklagten sei vom Landgericht Cottbus die »besondere Schwere der Schuld« nicht ausreichend begründet gewesen. Das sah der Vorsitzende Richter Günther Sander anders: »Wenn in diesem Fall nicht eine besondere Schwere vorgelegen hat, wann hätte das sonst sein sollen?« Damit war das Urteil gegen Maurice M. rechtskräftig.

Im November 2014 hatte Reporter Christian Meyer für die *Märkische Allgemeine* die Eltern der ermordeten Alyssa B. gefragt, wie sie sich ihr künftiges Leben vorstellten. »Wie vorher, nur ohne Alyssa. Das Leben geht weiter. Ist nun mal so. Es geht halt weiter, irgendwie«, versuchte Andreas B. die Frage zu beantworten. Seine Frau Jeanette ergänzte: »Ich denke, es kann nicht mehr normal sein. Es mag sein, dass wir in einen Alltag zurückfinden, was wir ja auch jetzt schon machen müssen. Aber tief innen drin sind die Trauer und das Entsetzen immer da. Es fühlt sich an, als ob ich zwei Leben führe. Nach außen lebe ich normal. Sitze auch mal mit Freunden zusammen, scherze. Aber tief drinnen sind die Trauer und das Entsetzen immer da. Die Gedanken sind immer bei Alyssa.«

Unmenschliche Abgründe

Todesursache: Verbrennen bei lebendigem Leib

Drastische Gewaltszenen mit spritzendem Blut, grausam ermordeten Menschen oder Knochen brechenden Schlägen gehören heutzutage zur allabendlichen Fernsehunterhaltung. Dass sie von der Realität des wahren Lebens übertroffen werden können, ist kaum zu glauben. Trotzdem belegen manche Gerichtsprozesse menschliche Abgründe, die jeglicher Vorstellungskraft entbehren.

Am 8. November 2016 verwarf der Bundesgerichtshof die Revision von zwei Angeklagten als unbegründet, die am 19. Februar nach Jugendstrafrecht wegen Mordes bei besonders schwerer Schuld zu je vierzehn Jahren Haft verurteilt worden waren. Zur Tat teilte das oberste deutsche Gericht mit: »Nach den Feststellungen lockten die Angeklagten die vom Angeklagten T. im achten Monat schwangere neunzehnjährige P. nachts in einem einsamen Waldstück in einen Hinterhalt, um sie zu töten. Motiv des Angeklagten T. war es dabei, sich seinen Verpflichtungen als Vater nach der Geburt des Kindes zu entziehen. Der Angeklagte M. wirkte an der Tat mit, weil er wissen wollte, wie es sei, einen Menschen zu töten. Er versetzte der wehrlosen Frau drei bis vier Messerstiche in den Oberkörper. Danach hielt er sie fest, während der Angeklagte T. aus einem Benzinkanister etwa einen Liter Benzin über ihren Kopf und Oberkörper schüttete. Der Angeklagte T. entzündete das Benzin, worauf die junge Frau sofort in Brand geriet. Trotz überaus heftiger Schmerzen konnte sie noch einige Meter laufen und versuchte vergeblich, die brennende Jacke auszuziehen. Sie verstarb frühestens eine Minute nach Brandbeginn.«

Es war noch nicht ganz hell, als am 23. Januar 2015 drei Spaziergänger ihre Hunde in das kleinen Waldstück zwischen der Bärenlauchstraße und der Friedlander Straße in Berlin-Adlershof ausführten. Die Sonne ging an diesem Tag erst zwei Minuten nach acht Uhr auf. Plötzlich rannte ein Hund zwischen den Birken der Köllnischen Heide los und begann, laut zu bellen. Etwa dreißig Meter abseits des Waldwegs hatte er in einer fünfzig Zentimeter tiefen Mulde die Reste einer verbrannten weiblichen Leiche gefunden.

Etwa zur gleichen Zeit erschien der neunzehnjährige Eren T. in Neukölln bei der Polizei. Der junge Mann aus einer türkischen Familie erklärte, mit seinem gleichaltrigen Freund Daniel M. und seiner ehemaligen Freundin Maria P. unterwegs gewesen zu sein. Dabei sei er kurz aus dem Auto gestiegen, um zu urinieren. Daniel wäre in diesem Moment weggefahren. Nun mache er sich Sorgen, sein Freund hätte ihr etwas angetan, und deshalb wolle er Maria als vermisst melden.

Den Polizisten kam es seltsam vor, dass Eren T. rund fünf Stunden hatte verstreichen lassen, wenn er doch um das Leben der jungen Frau fürchtete. Wenig später wussten sie, dass Maria P. nicht mehr am Leben war. Nun erklärte sich für die Beamten auch, weshalb er ungefragt erklärte, warum man später seine Fingerabdrücke an einem Brotmesser, einem Teleskopschlagstock und einem Benzinkanister finden würde. Es war das Wissen eines Täters.

Die Polizei ging bereits nach den ersten kurzen Ermittlungen vor Ort von einem Gewaltverbrechen aus. Die Leichenschau ergab, dass es sich um eine neunzehn Jahre alte, hochschwangere Frau handelte. Bereits in der ersten Polizeimeldung hieß es, sie sei bei lebendigem Leibe verbrannt und der Fundort der Leiche offenbar auch der Tatort.

Am Freitagnachmittag nahm die Mordkommission Eren T. fest. Er gestand: »Ja, ich war dabei«, und benannte einen Mittäter. Ein Mordermittler erinnerte sich: »Er war völlig gefühlskalt und teilnahmslos. Und er behauptete, das war alles die Idee seines Kumpels …« Am Sonnabend verhaftete die Polizei Daniel M., der zusammen mit T. gegen 17.30 Uhr dem Haftrichter vorgeführt wurde. Wegen gemeinschaftlichen Mordes und gemeinschaftlichen Schwangerschaftsabbruchs ordnete er für beide U-Haft an.

Rückblende: Am 27. November 2014 stellte Maria P. das Foto eines Babys auf ihre *Facebook*-Seite. Sie freute sich auf ihr Tochter, die in ein paar Wochen geboren werden würde. Dilara sollte sie heißen. Die junge Frau besuchte das Brillat-Savarin-Oberstufenzentrum für Gastgewerbe in Weißensee und machte eine Ausbildung zur Köchin. Doch zu jener Zeit schienen ihr ihre Träume wichtiger als die berufliche Zukunft. Neben Selfies postete sie immer wieder romantische Bilder von Liebespaaren und Traumhochzeiten. Und sie schrieb dazu, wie sie die Beziehungen sah: »Eine Frau muss Mann mit Ehre und Respekt behandeln, wenn du eine Frau mit einem guten Aussehen hast, einem tollen Charakter und vor allem mit einem guten Herzen, musst du für sie kämpfen.« »Aber meist ist es so, dass Männer diejenigen sind, die Frauen scheiße behandeln.« »Ich wünschte, du würdest meine Gefühle bekommen und ich wäre wie du eiskalt, denn dann würde ich dein Herz bluten lassen, so wie du mein Herz bluten lässt.«

Der Mann, der Maria P. die Sorgen bereitete, hieß Eren T., den sie seit 2012 liebte. Für beide war es die erste richtige Beziehung. Als sie schwanger wurde, verlangte er eine Abtreibung. Seine Schulung zum Metallbauer hatte Eren T. abgebrochen, an eine langfristige Beziehung mit Maria dachte er nicht. Bekannte der Ermordeten meinten später, seine türkische Familie habe Maria P. nicht akzeptiert. Sie sei sogar zum Islam konvertiert, auf ihr Baby wollte sie jedoch unter keinen Umständen verzichten. Immer wieder hoffte sie auf eine Versöhnung mit Eren T., nachdem sie sich im Streit trennten.

Maria P. ahnte nicht, dass ihr früherer Freund bereits darüber nachdachte, wie er sich ihrer für immer entledigen könne. Dazu suchte er nach einem Helfer und fand ihn in Daniel M., einem vormaligen Schulkameraden. Der hatte sich längst als Schläger mit mehreren Vorstrafen einen üblen Namen gemacht. Der Neunzehnjährige war selbst Vater zweier Kinder. Sein zweiter Sohn kam zur Welt, als Daniel M. wegen schwerer Körperverletzung eine Haftstrafe verbüßte.

Ohne zu zögern, bot er Eren T. an, ihm beim geplanten Mord an Maria zu helfen. Die beiden phantasierten gemeinsam darüber, wie sie es anstellen sollten. Man könne der jungen Frau mit einer Machete den Kopf abhacken, ihr in den Kopf schießen oder sie vergiften, erwogen sie, wie sich im Prozess herausstellte. Bereits für den 24. August 2014 planten die beiden den Mord und möglicherweise ahnte auch Erens Familie davon. Per SMS schrieb sie ihrem Sohn: »Mach keinen Fehler, wir können für alles eine Lösung finden. Denk an deinen kranken Vater.«

Offenbar deshalb wurde der Mord verschoben, der Plan jedoch nicht aufgegeben. Am 19. Januar 2015 schrieb Eren T. eine *WhatsApp*-Nachricht an Daniel M.: »Jo. Diese Woche ich mache das was wir vor hatten aber diesmal sicher.« »Lass es Donnerstag machen«, antwortete Daniel.

Nun musste Eren T. das Opfer nur noch in einen Hinterhalt locken. Am 22. Januar verabredete er sich mit ihr und lockte mit einer angeblichen »Überraschung« Maria P. hoffte, ihr früherer Freund habe seine Meinung geändert, denn bis zur Geburt seiner Tochter Dilara war es ja nicht mehr lange hin.

Von einem Bekannten liehen sich die jungen Männer einen Transporter. Darin verstauten sie ein scharfes Brotmesser, einen Schlagstock und einen Benzinkanister. Dann holten sie die völlig arglose Maria P. ab und fuhren mit ihr in die Köllnische Heide. Was genau zwischen 21.30 Uhr und 22.15 Uhr an jenem Abend geschah, ließ sich während des mehrmonatigen Prozesses nicht rekonstruieren. Das Gericht ging nach Abwägung aller Indizien von diesem Tatablauf aus: Auf einer Lichtung stach Daniel Maria zwei Mal mit dem Brotmesser in den Bauch, um das ungeborene Baby zu töten. Dann hielt er sie am Boden fest, während Eren das Benzin über sie schüttete und Maria anzündete. Nach kurzer Zeit führte der vom Brand verursachte Flüssigkeitsverlust zu multiplem Organversagen. Das Herz der jungen Frau hörte auf zu schlagen. Das Baby erstickte in ihrem Bauch.

Vor Gericht bezichtigten sich Eren T. und Daniel M. gegenseitig. Marias früherer Freund hatte ja bereits bei seiner versuchten Vermisstenanzeige behauptet, er sei nicht am Tatort gewesen. Das widerlegte das Gericht ebenso wie die Lüge Daniel M.s, er hätte erst während der Tat erkannt, dass Eren seinen Schlagstock und das schärfste Messer aus dem Haushalt seiner Freundin entwendet hatte.

Richterin Regina Alex stellte fest, dass neben der Planung der Tat beide über Täterwissen verfügten. Den Mord an Maria P. stufte sie als »heimtückisch und grausam« ein. Eren T. handelte nach Auffassung des Gerichts aus »niedrigen Beweggründen«: Er brachte seine einstige Freundin um, weil sie nicht hatte abtreiben wollen. »Er wollte ein freies Leben führen und sich nicht unter Druck setzen lassen. Weder von Maria noch von seiner Familie«, stellte die Richterin fest. Im Fall Daniel M. konstatierte das Gericht »Mordlust«: Er hatte vor Zeugen geäußert, dass er sehen wolle, wie das ist, einen Menschen umzubringen.

Am 19. Februar 2016 verurteilte Richterin Regina Alex die beiden Mörder zu jeweils vierzehn Jahren Haft. Dabei folgte sie der Empfehlung des psychiatrischen Gutachters, der für die Anwendung des Jugendstrafrechts plädierte. Sie blieb jedoch um ein Jahr unter der seit September 2012 möglichen Höchststrafe für Jugendliche. Zum Opfer Maria P. resümierte Richterin Alex: »Sie war jung, naiv, sie war verliebt. Sie hat Eren blind vertraut.« Das kostete sie und ihr ungeborenes Kind das Leben.

Eren T. und Daniel M. werden mit Anfang dreißig aus dem Gefängnis kommen. Etwa so alt wie zur Tatzeit der fünfunddreißigjährige Dennis Z., der am 13. September 2018 wegen Mordes in erster Instanz vom Landgericht Dresden zu einer lebenslangen Freiheitsstrafe bei besonderer Schwere der Schuld verurteilt wurde. Das Opfer war seine dreijährige Tochter, deren Leiche am 21. Januar 2018 in Dresden gefunden wurde. Das Urteil nach Erwachsenenstrafrecht war somit weit härter, als es das Jugendstrafrecht gegen Eren T. und Daniel M. ermöglichte.

Der aus Freiberg stammende Gebäudereiniger lebte seit drei Monaten getrennt von Frau und Tochter und war im Herbst 2017 in eine sanierte Plattenbauwohnung in der Birkenstraße in Dresden-Gorbitz gezogen. Zum Wochenende holte er seine Tochter Luna

zu sich, so auch am 21. Januar 2018. Als er das Mädchen nicht wie vereinbart zur Mutter zurückbrachte,
alarmierte sie, von bösen Ahnungen erfüllt, die Polizei. Bei Dennis Z. klingelten die Beamten vergeblich.
In der verwüsteten Wohnung fanden sie das tote Kind.
Es war erstickt worden und »wies sonst keine äußeren
Verletzungen auf«, erklärte Oberstaatsanwalt Lorenz
Haase nach der Obduktion am 22. Januar. Den flüch-
tigen Vater fanden Polizisten wenige Stunden später
schlafend in seinem Auto bei Nossen.

Acht Monate später stand er wegen Mordes vor Gericht. Der Vorsitzende Richter Martin Uebele sprach
von »einer ganz besonders verabscheuungswürdigen
Tat«. Der Angeklagte habe regelrecht geplant, »das Leben seiner Tochter zu zerstören, um seine Frau zu treffen, so schwer wie eine Mutter nur getroffen werden
kann«. Sein Entschluss stand spätestens am Vortag des
Verbrechens fest, als er zwei Briefe an seine Frau und
seine Mutter abschickte, in denen von Rache die Rede
war. Bei der Urteilsfindung ging das Gericht deshalb
von Heimtücke aus und folgte dem Antrag der Staatsanwaltschaft auf Verhängung einer lebenslangen Freiheitsstrafe. Die Verteidigung hatte auf Totschlag und
zwölf Jahre Freiheitsstrafe plädiert.

Bei Fällen wie diesen ist es eigentlich unerheblich,
ob nach dem Urteil die eine oder die andere Seite Revision einlegt oder nicht. Was bleibt, ist das unfassbare
Grauen, das hinter solchen Taten steckt.

Opfer sind oft Kinder, wenn ihre Eltern in Unfrie-
den voneinander gehen und sie zum Streitobjekt wer-

den. Welch menschliche Abgründe sich dabei auftun können, erfuhren als erste Feuerwehrmänner, die am 21. August 2011 in einen Wald bei Börnicke in der Nähe von Kremmen im Havelland gerufen wurden. Sie fanden ein verbranntes Auto. Auf dem Rücksitz saßen angeschnallt zwei tote Mädchen, neun und zehn Jahre alt.

Schnell kam der Polizei der Verdacht, der damals vierzigjährige Vater Peter-Thue R. habe seine Töchter Line Sofie und Marlene Marie getötet. Sie griff den Mann in verwirrtem Zustand auf. Der aus Dänemark stammende Landwirt sagte aus, seine beiden Töchter seien bei einem Unfall zu Tode gekommen. Er selbst hatte am Körper schwere Brandverletzungen. Da das Auto komplett ausgebrannt war, gab es zunächst kaum brauchbare Spuren. Den ersten wichtigen Hinweis auf eine Beziehungstat lieferte ein toxikologisches Gutachten. Es wies nach, dass sich Schlafmittel in den Körpern der Kinder befand. Der Vater verabreichte ihnen die Tabletten und ermordete sie.

Alles begann mit dem Zerbrechen seiner Ehe. Als im Frühjahr 2012 der Prozess gegen Peter-Thue R. vor dem Landgericht Potsdam begann, bestätigte seine geschiedene Frau, die das Sorgerecht zugesprochen bekommen hatte: »Er wollte die Kinder so viel wie möglich – und ich sollte sie so wenig wie möglich haben.« Zuerst schien es, als ließe sich alles einvernehmlich regeln. Die Kinder verbrachten abwechselnd je eine Woche beim Vater, dann wieder bei der Mutter. »Er hat alles getan, was ihm möglich war, um ein guter

Vater zu sein«, bestätigte sie vor Gericht. Doch dann nahm der Streit um den Wohnort der Mädchen zu. Peter-Thue R. wollte mehr Zeit mit seinen Töchtern verbringen und mit ihnen umziehen. Aus der einstigen Liebe zur Familie wurde heimtückische Niedertracht. Vor Gericht sagte die Mutter der ermordeten Mädchen aus: Einmal habe er gesagt: »Wenn ich euch nicht bekomme, bekommt euch niemand.« In solch einer Situation seien seine Augen leuchtend vor Wut und Hass gewesen.

Auch die beiden Schwestern waren sich uneins, wem sie sich zuwenden wollten. Das führte dazu, dass die Mädchen einen Teil der Sommerferien getrennt voneinander verbrachten. Line Sofie vermisste ihre Schwester Marlene Marie jedoch so sehr, dass ihre Mutter sie Mitte Juli 2011 – trotz eines mulmigen Gefühls – zu ihr und dem Vater brachte.

Zu den Geschehnissen am 21. August 2011 sagte Peter-Thue R. aus, er sei verzweifelt gewesen, weil er die Kinder am nächsten Tag wieder seiner Frau geben sollte. Nach einem Ausflug in die Wintersport-Freizeitanlage *Snowdome* bei Hamburg befand er sich auf dem Rückweg nach Berlin: »Der Tag war sehr schön. Ich wollte mehr Zeit mit ihnen verbringen.« Dann präsentierte er dem Gericht eine abwegige Version des Geschehens: Angeblich hatte die ältere Tochter Magenschmerzen vom Autofahren. Da er keine Reisemedizin hatte, gab er ihr eine seiner verschreibungspflichtigen Schlaftabletten. »Line wollte auch eine«, behauptete er. Schließlich verließ er die Autobahn, holte im Wald zwei Kanister aus dem Kofferraum und setzte sich angeblich wieder ins Auto. Dann schüttete er zehn Liter Benzin im Auto auf den Boden und betätigte das Feuerzeug. »Es machte *wumm*, dann war alles eine Feuerwand.« Er habe gehofft, schnell im Auto zu sterben. »Aber meine Instinkte haben mich rausgetrieben.« Als ihn später die Polizei im Krankenhaus über den Ablauf des Geschehens befragte, sagte er, die Mädchen hätten im Auto vor Schmerzen geschrien. Im Gericht behauptete Peter-Thue R., an Schreie könne er sich nicht erinnern. Ganz genau waren ihm jedoch die Streitereien mit seiner vormaligen Frau und deren neuem Mann im Gedächtnis geblieben. Er gab Uhrzeiten und einzelne Sätze an, wann über was gestritten wurde, und er wusste auch noch, was die zur Hilfe gerufenen Polizisten sagten.

Das Gericht in Potsdam unter Vorsitz von Frank Tiemann glaubte ihm deshalb die Version von der ungeplanten, spontanen Tat ebenso wenig, wie seine angeblich damit verbundenen Absicht, sich mit seinen Töchtern gemeinsam umzubringen. Letzteres widerlegte auch ein Gutachten. Die Experten hatten weder Brandeinwirkungen an seinen Schuhsohlen, noch Waldboden-Anhaftungen an Hose und Pullover gefunden. Die Angaben des Angeklagten, er sei in Panik aus dem brennenden Auto gesprungen und habe sich auf dem Waldboden gewälzt, um Flammen zu löschen, waren damit widerlegt.

Trotz einer bestehenden Selbstmordgefährdung des Angeklagten, die sich auch in einem entsprechenden

Versuch während der U-Haft in Brandenburg zeigte, bestätigte die psychiatrische Sachverständige Cornelia Mikolaiczyk dem Gericht im Hinblick auf die Tat: »Es gibt aber keine Anhaltspunkte dafür, dass er in seiner Einsichts- oder Steuerungsfähigkeit erheblich beeinträchtigt war.« Seit 2011 litt er immer wieder unter depressiven Episoden und war deshalb auch mehrfach in Behandlung. Teilweise habe er sie schnell wieder abgebrochen. Der Angeklagte gehe Aggressionen aus dem Weg, erklärte die Gutachterin. Er habe ein niedriges Selbstwertgefühl und stelle an sich selbst überhöhte Erwartungen. Das seien Zeichen seiner narzisstischen Persönlichkeitsstörung.

Am 31. Mai 2012 verurteilte das Landgericht Potsdam Peter-Thue R. wegen doppelten Mordes aus niederen Beweggründen zu lebenslanger Haft. Am 27. November 2012 verwarf der Bundesgerichtshof durch Beschluss die Revision des Angeklagten. Die obersten Richter unterstrichen: »Er hatte die Tat längerfristig geplant; durch sie wollte er verhindern, dass die Mädchen, die nach seiner Scheidung von deren Mutter zunächst bei ihm wohnten, künftig bei ihr leben würden.« Damit wurde das Urteil rechtskräftig.

Tödliche Falle

Der Mord an der Chinesin Yangjie Li in Dessau

»Der Mund des Menschen ist oft gefährlicher als der Rachen eines Tigers«, sagt ein chinesisches Sprichwort. Die fünfundzwanzigjährige Architekturstudentin Yangjie Li musste erfahren, welch grausame Realität hinter der alten Volksweisheit stecken konnte. Am 11. Mai 2016 gegen 21.40 Uhr wurde ihr Handy zum letzten Mal geortet. Danach blieb sie spurlos verschwunden, bis am 13. Mai nach einem bis dahin erfolglosen Großeinsatz der Polizei Bereitschaftspolizisten unter einer Konifere in der Nähe des Hauses in der Johannisstraße 7 in Dessaus Innenstadt eine entstellte Leiche fanden.

Die junge Chinesin studierte im fünften Semester am weltberühmten Bauhaus. Sie kam nicht unvorbereitet nach Sachsen-Anhalt. In ihrer Heimat, der ostchinesischen Provinz Henan, hatte Yangjie Li ihre Ausbildung an der »School of Civil Engineering« begonnen. Der Aufenthalt am Bauhaus wäre für die Tochter aus der Familie eines chinesischen Polizisten der Garant für eine Karriere in ihrer Heimat gewesen. Sie hatte lange darauf gespart, um ihrem einzigen Kind den Studienaufenthalt im fernen Deutschland zu ermöglichen.

Am 25. Mai sichtete die Polizei ein Überwachungsvideo des in der Johannisstraße 7 befindlichen Antiquitätengeschäfts »Handels Kontor Anhalt«. Zuvor war es wegen Urlaubs geschlossen. Sie entdeckte darauf, dass Yangjie Li am 11. Mai kurz vor dem Haus in der gleichen Straße, in dem sie in einer WG wohnte, von einer Frau angesprochen wurde. Dann verschwand die Chinesin mit ihr im Haus. Der Rachen des Tigers.

Zu dieser Zeit saßen bereits Sebastian F., Jahrgang 1996, und Xenia I., Jahrgang 1997, wegen Mordverdachts an der chinesischen Studentin in Untersuchungshaft. Die junge Frau hatte zwei kleine Kinder, eines davon von einem anderen Mann. Ein drittes Kind verlor sie 2015 durch plötzlichen Kindstod. Seit kurzem war sie mit Sebastian F. verlobt. Die beiden lebten von Hartz IV und wohnten allein in der Johannisstraße 7, weil es im Haus Sanierungsarbeiten gab. Xenia I. hoffte, den jungen Mann dauerhaft an sich binden zu können. Deshalb akzeptierte sie seine sexuell orientierte Dominanz, schloss mit ihm sogar einen »Sexvertrag« ab, der ihr entsprechendes Verhalten diktierte. Später, vor Gericht, wird Xenis I. sagen, ihr Lebensgefährte habe sie sehr oft zu Sexualpraktiken gezwungen, die sie nicht wollte. Außerdem habe er sie geschlagen, bedroht und erniedrigt. So sei es auch am Abend des 10. Mai 2016 gewesen. Sebastian F. verlangte, seine Verlobte solle sofort irgendeine Frau »beschaffen«, um mit ihr Sex zu dritt zu haben. Das war eines der gängigen Porno-Klischees, die ihn tagtäglich beschäftigten.

Profiler Professor Adolf Gallwitz, bis zum Ruhestand 2013 an der Polizeihochschule in Villingen-Schwenningen tätig, weiß, dass das dem Verhalten vieler Leute entspricht: »Die Beschäftigung mit extremer Pornografie, die auch noch Gewalt zum Thema hat, ist leider nichts Ungewöhnliches. Und die daraus entstehenden Phantasien, was man gern mal erleben möchte, sind auch nichts Ungewöhnliches.«

Sebastian F. wollte es unbedingt. Xenia I. schrieb ihrer Freundin eine SMS: »Was würdest du eigentlich zu einem Dreier sagen?« Wenig später kam die Antwort: »Nee, mache ich nicht.« Am Abend des 11. Mai drängte der junge Mann seine Verlobte erneut, endlich eine Frau »zu besorgen«, drohte ihr und tobte. Es war der Beginn des Verbrechens an einem zufällig vorbeikommenden Opfer.

Profiler Adolf Gallwitz: »Das Erste, was ungewöhnlich ist, ist die kriminelle Energie, manche Dinge, die einem durch den Kopf gehen und die man gern erleben möchte, auch wirklich auszuleben, im Sinn, eine Tat zu planen, ein Opfer zu finden und an diesem Opfer all das, was man schon mal machen wollte und phantasiert hat, dann letztlich zu tun.«

Xenia I. ging auf die Straße, um eine Frau zu finden. Yangjie Li hatten ihren üblichen Lauf von anderthalb Stunden am Abend fast beendet und befand sich kurz vor ihrer Wohnung. Gestenreich und auf Englisch sprach sie die ihr unbekannte Frau an. Xenia I. bat um sofortige Hilfe, deutete auf ein Fenster des Hauses. Es seien einige Kisten zu transportieren, erklärte sie. Yangjie Li zögerte nur kurz. Adolf Gallwitz: »Hier ist es der Gipfel von Arglist, weil ich ihr einen Notfall vortäusche. Ich bitte um Hilfe und weil ich sie nicht nur vollkommen im Unklaren lasse, um was es geht, sondern ihr auch noch das Gefühl gebe, sie tut ein gutes Werk und sie kann mir, der ich in Not bin, helfen.«

Ahnungslos und gutgläubig folgte Yangjie Li der vermeintlich Hilfe suchenden Xenia I. ins Haus. Bereits im Treppenhaus lauerte Sebastian F. und versuchte, sie zu vergewaltigen. Als das nicht auf Anhieb klappte, schleppte er die junge Chinesin in eine leerstehenden Wohnung ohne Strom im 1. Stock und verging sich dort an ihr. Seine Verlobte beleuchtete die gespenstische Szene mit ihrem Smartphone. Dann begannen ein Stockwerk höher, ihre Kinder zu quengeln. Sie ging nach oben, um nach ihnen sehen, duschte danach und kehrte an den Tatort der Vergewaltigung zurück. Yangjie Li muss zu diesem Zeitpunkt schon schwer gezeichnet gewesen sein. Die Spurensicherung der Polizei fand später Blut auf dem Fußboden und Spritzer bis in drei Metern Höhe. Der Gerichtsmediziner sprach von einem »mehrstündigen, schmerzhaften Todeskampf« des Opfers.

Auf die Idee, Hilfe zu alarmieren, kam Xenia I. nicht. Sebastian F. hatte derweil das schwer verletzte Opfer in eine Mülltonne hinter dem Haus geworfen. Dann schaffte er mit Hilfe seiner Verlobten das Behältnis weiter weg, um die vermeintliche Leiche unter einem Busch zu verstecken. Nach den späteren Feststellungen des Gerichts verstarb die junge Chinesin erst dort an ihren schweren Verletzungen, die ihr Sebastian F. zuvor zufügte.

Wenig später machten sich die Mitbewohner Yangjie Lis Sorgen, weil ihre Kommilitonin nicht wie gewohnt in die WG zurückgekehrt war. Sie informierten ihren Betreuer an der Hochschule und suchten selbst. Am 12. Mai 2015 gaben sie eine Vermisstenanzeige bei der Polizei auf. Sie suchte mit einem Großaufgebot, Hubschrauber und Fährtenhunden – bis einen Tag danach der geschundene, nackte Körper gefunden wurde. Aufgrund der Verletzungen war eine sofortige Identifizierung unmöglich. Am 16. Mai gaben Polizei und Staatsanwaltschaft dann die Ergebnisse der Obduktion bekannt. Sie hatte ergeben, dass die junge Frau brutal ermordet wurde. Laut Rechtsmedizin starb das Opfer durch »heftige Schläge auf den Kopf«. Spuren wiesen außerdem auf das Sexualverbrechen hin.

Wie ein Lauffeuer verbreitete sich die Nachricht schon während der Suche nach Yangjie Li in den sozialen Netzwerken bis nach China. Wenig später gab die chinesische Botschaft in Berlin eine Reisewarnung für Deutschland heraus: »Chinesische Staatsbürger sollten nachts keinen Sport im Freien treiben, besonders Frauen nicht. Tragen Sie leuchtende Kleidung und keine Kopfhörer! Halten Sie sich von Hunden, Betrunkenen und aggressiven Menschenmengen fern!«

Sebastian F. und Xenia I. konnten bis zum 23. Mai 2016 die Ergebnisse der Suche nach der vermissten chinesischen Studentin im Fernsehen verfolgen. Polizei und Staatsanwaltschaft hielten verschiedene

Pressekonferenzen zum Stand ihrer Erkenntnisse ab. Die Ermittler vermuteten sehr schnell, dass der oder die Täter in unmittelbarer Nähe des Tatortes wohnen müssten. Sie wollten deshalb von den Anwohnern auf freiwilliger Grundlage DNA-Proben nehmen. So mutmaßten auch Sebastian F. und Xenia I. am 19. Mai, dass am Körper des Opfers fremde Spuren festgestellt worden waren. Unmittelbar nach der Tat hatte sie bereits ihren sofortigen Umzug geplant und auch schon damit begonnen. Nun brauchten sie einen weiteren Plan, um zu erklären, weshalb sich zumindest DNA von Sebastian F. am Körper von Yangjie Li befand. Deshalb erschien er am 23. Mai 2016 auf dem Polizeirevier in der Kühnauer Straße in Dessau und erklärte, dass er und seine Verlobte bereits am 10. Mai »mit einer Chinesin« einvernehmlichen Sex zu dritt gehabt hätten. Die Ermittler erkannten diese Aussage sofort als Schutzbehauptung. Oberstaatsanwalt Ulf Lenzner: »Offenbar hat Sebastian F. in diesem Moment zu Recht befürchtet, dass man die DNA-Spuren, die man jetzt bei ihm gesichert hat, man auch an der Getöteten finden würde.« Der Verdacht erhärtete sich, als Xenia I. befragt wurde und die gleiche Geschichte erzählte. Auch die Überprüfung des angeblichen gemeinsamen Rendezvous erbrachte, dass Zeugen genau zur angegebenen Zeit Yangjie Li anderswo gesehen hatten. Sebastian F. und Xenia I. kamen in Untersuchungshaft.

Ulf Lenzner: »Wir haben recht schnell festgestellt, dass die Wohnung selbst, im zweiten Obergeschoss Johannisstraße 7, nicht der Tatort sein kann. Aber festzustellen war, dass sich im ersten Obergeschoss dieses Hauses eine leere Wohnung befand, die nach kriminalistischen Erfahrungen als Tatort hätte in Betracht kommen können.«

Gleichzeitig gab es ein massives Problem für die Ermittler, denn die Mutter des Beschuldigten Sebastian F., Ramona S., war selbst Polizistin und arbeitete in der für diesen Fall gebildeten Sonderkommission »Anhalt« mit. Auch ihr Mann Jörg S. bekleidete eine leitende Funktion bei der Polizei. Der Verdacht einer persönlichen Verwicklung in die Ermittlungen gewann an Brisanz, als Ramona und Jörg S. bestritten, die Wohnung von Sebastian F. betreten zu haben, eine Polizistin als Zeugin aber aussagte, dass »Mutter und Stiefvater einen Tag nach der Entdeckung der Leiche der Studentin mehrere Tüten aus der Wohnung ihres Sohnes und seiner Verlobten« getragen hätten. Offenbar hatte Xenia I. auch versucht, ihre erhoffte Schwiegermutter in die Tarngeschichte über den angeblich freiwilligen Sex mit »einer Chinesin« am 10. Mai einzubeziehen und ihr darüber telefonisch Andeutungen gemacht. Später erklärte Ramona S. dazu, sie hätte etwas erfahren, was sie eigentlich sofort hätte melden müssen. Obwohl Steffi Müller-Mezger von der Staatsanwaltschaft Dessau-Roßlau erklärte: »Es besteht nicht der leiseste Hauch eines Anfangsverdacht«, schlug die letztlich unzutreffende Vermutung, Ramona und Jörg S. hätten Beweise vernichtet, in der Öffentlichkeit hohe Wellen. Später wurde sie durch eine interne polizeiliche Untersuchung vollständig entkräftet.

Kritisiert wurde außerdem auch das Vorgehen der Staatsanwaltschaft. Sie kommunizierte nicht nur ihre Ermittlungsergebnisse, sondern gleichzeitig die Tatversion der Verdächtigen. Dadurch fühlten sich besonders die Eltern von Yangjie Li diffamiert, die am 19. Mai nach Dessau kamen. Nach chinesischem Verständnis war die Unterstellung ungewöhnlicher Sexualpraktiken nicht nur eine Verletzung der Ehre des Opfers, sondern auch der Ehre der Eltern. Da auch in China damals umfänglich über den Mordfall berichtet wurde, fürchteten sie nach Rückkehr in ihre Heimat eine soziale Ausgrenzung.

Am 5. Juni 2016 gelangte an die Öffentlichkeit, dass gegen den Beschuldigten Sebastian F. bisher vierzig andere Strafverfahren anhängig waren, unter anderem wegen Brandstiftung, Beleidigung, Sachbeschädigung und Körperverletzung. Überdies soll er bereits mit dreizehn Jahren im Verdacht des sexuellen Missbrauchs eines Kindes gestanden haben. Da Sebastian F. damals noch nicht strafmündig war, hatte es keine Folgen. Als Jugendlicher wurde er in der Kinderpsychiatrie Merseburg behandelt. Ausbildungen brach er ab. Überdies stießen die Fahnder bei ihren Ermittlungen auch auf eine junge Frau, die Sebastian F. 2013 zweimal vergewaltigt haben soll. Die mutmaßliche Geschädigte habe er danach so massiv eingeschüchtert, dass sie die Tat fast drei Jahre lang verschwieg. Von diesen Vorwürfen wurde Sebastian F. am 4. August 2017 freigesprochen. Das Gericht begründete seinen Spruch damit, dass die Tat so lange zurückliege und es keine Beweismittel gebe.

Zudem habe das Opfer damals keine Anzeige erstattet, was die Glaubwürdigkeit der Aussage mindere.

Nach Abschluss der Ermittlungen am 16. September 2016 begann am 25. November vor dem Landgericht Dessau-Roßlau das Hauptverfahren gegen Sebastian F. und Xenia I., bei dem die Eltern des Opfers Yangjie Li als Nebenkläger auftraten.

Zunächst schwiegen beide Angeklagten zur Tat. Erst am 16. Januar 2017 machte Xenia I. eine Aussage. Bis dahin hatte das Gericht festgestellt, wie aktiv sie die Tat von Sebastian F. unterstützte. Sie fungierte nicht nur als sein Lockvogel, sondern warnte ihn, sich zu früh auf sein Opfer zu stürzen, beobachtete die Szenerie und ließ sich aktiv in die sexuellen Handlungen an Yangjie Li einbeziehen.

Damit rückte der konkrete Umfang der Tatbeteiligung durch Xenia I. in den Mittelpunkt der Beweisaufnahme gegen sie. Nach ihren Aussagen glaubte ihr das Gericht unter Vorsitz von Richterin Uda Schmidt, dass sie nicht direkt am Mord beteiligt war. Xenia I. sagte aus, sie sei nach dem ersten Kontakt mit Yangjie Li in ihre über dem Tatort befindliche Wohnung gegangen, habe dort ihre Kinder beruhigt und geduscht. Später habe Sebastian F. sie herunter gerufen und ihr befohlen, die am Boden kauernde Studentin mithilfe des *Google*-Übersetzers zu befragen, ob sie Krankheiten habe und ob jemand sie vermissen würde. Richterin Uda Schmidt argumentierte: »Yangjie Li wies zu diesem Zeitpunkt keine blutenden Verletzungen auf, sie konnte die Fragen mit Nicken und Kopfschütteln beantworten ... F. sagte, er wolle noch eine Zigarette rauchen und die junge Frau dann gehen lassen. Es ist Xenia I. nicht in den Sinn gekommen, dass er Yangjie Li töten würde.« Von dem Mord habe sie erst danach erfahren. Ihre aktive Hilfe bei der Beseitigung der Leiche resultierte aus ihrer Abhängigkeit von Sebastian F., und zum konkreten Zeitpunkt drang Xenia I. nicht ins Bewusstsein, was sie tat. Richterin Uda Schmidt fasste zusammen: »Die Spuren können zwanglos mit ihren Angaben in Einklang gebracht werden.«

Sowohl die Staatsanwaltschaft als auch die Nebenklage schrieben Xenia I. bei der Spurenbeseitigung eine größere Rolle zu, als sie das Gericht sah. Auch bei den sexuellen Handlungen sei sie aktiver gewesen, als es die eigenen Aussagen darstellten.

Die psychologischen Gutachter diagnostizierten bei Sebastian F. eine in allem gestörte Persönlichkeit. Er war in seiner Kindheit den gewalttätigen Partnern seiner Mutter ausgeliefert, die ihn davor in Schutz nahm und ihm keinerlei Grenzen setzte. So entwickelte sich Sebastian F., dessen Verhaltensauffälligkeiten zwar bemerkt, aber nicht ausreichend beachtet wurden, zu einem dominanten, narzisstischen Mann mit übersteigertem Sexualverhalten und einer laut Gutachter »außergewöhnlichen Empathielosigkeit«. Insbesondere seine auch im sexuellen Bereich gestörte Persönlichkeit sahen die Gutachter für so gefestigt an, dass für den zur Tatzeit Zwanzigjährigen eine erzieherisch wirkende Jugendstrafe nicht mehr in Frage käme.

Auch bei Xenia I. sahen sie eine Prägung durch Gewalt. Sie war ein ungewolltes Kind ihrer Mutter und wurde durch ihren Stiefvater missbraucht. Das machte sie zu einer extrem unsicheren Person mit massiven Verlustängsten und einer ausgeprägten Fähigkeit, zu verdrängen. Ihre Beziehungen zu Männern, darunter zu den Vätern ihrer Kinder, waren stets durch Übergriffe und Unterdrückung gekennzeichnet. Ihre Art der Anpassung bestand im »Gehorchen« und der bedingungslosen Ausführung der ihr gegebenen Befehle. Sie zeigte sich nicht in der Lage, allein ihren Alltag zu regeln, Konflikte zu klären und sich gegen ihre gewalttätigen Partner zu behaupten. Aus Angst, von Sebastian F. verlassen zu werden, war sie ihm hörig und beteiligte sich an der Tat. Beide Persönlichkeitsstörungen seien gravierend, befand der psychiatrische Gutachter. »Aber eine Schwäche kann man beheben, eine Dominanz ist schwer beherrschbar.«

Am 4. August 2017 verurteilte das Landgericht Dessau-Roßlau Sebastian F. wegen Vergewaltigung und Mordes nach Erwachsenenstrafrecht zu einer lebenslanger Haftstrafe. Das Gericht stellte zudem die besondere Schwere der Schuld fest. Über die weitere Dauer seiner Haft wird nach mindesten siebzehn und höchstens fünfundzwanzig Jahren entschieden.

Xenia I. erhielt lediglich wegen sexueller Nötigung eine Jugendstrafe von fünf Jahren und sechs Monaten. Richterin Uda Schmidt wertete zu ihren Gunsten, dass sie mit ihrer Aussage Beweismittel bestätigt habe. Außerdem habe sie mit Einzelheiten sowie außergewöhnlichen Details geholfen, das Tatgeschehen nachzuvollziehen. Beide Täter müssen zusammen 35.000 Euro Schmerzensgeld an die Eltern des Opfers Yangjie Li zahlen, Sebastian F. noch einmal zusätzlich 25.000 Euro.

Für Familie Li war das Urteil gegen die Mittäterin nicht befriedigend. Ihr Rechtsanwalt Sven Peitzner bestätigte: »Die Eltern verstehen nicht, dass Xenia I. vom Vorwurf des gemeinschaftlichen Mordes freigesprochen wurde.« Eine offene Frage blieb für sie auch die im Prozess von einem Gutachter beschriebene »fremdenfeindliche Attitüde« der Tat. Familie Li beobachtete, dass sich insbesondere Sebastian F. als Angeklagter nach ihrer Ansicht besonders verfolgt fühlte, weil ihre Tochter Yangjie Chinesin war.

Am 3. September 2018 verwarf der Bundesgerichtshof die Revision des Urteils gegen Sebastian F. und drei Tage später dann auch die von Xenia I. eingereichte Revision. Damit wurden beide Urteile rechtskräftig.

Für die junge Frau bedeutete das Urteil nach Jugendstrafrecht, dass sie auf eine vorzeitige Entlassung rechnen darf. Im Gegensatz zu den Haftstrafen bei Erwachsenen ist bereits nach Verbüßung eines Drittels der Strafe ein entsprechender Antrag möglich. Xenia I. hat derweil mehr als die Hälfte ihrer fünfeinhalb Jahre abgesessen.

Nebel im Kopf

Mordmotiv: Hass, Eifersucht und Geldgier

Wie von Sinnen stach am 28. Dezember 2017 der neunundvierzigjährige Andrej K. im Reisebüro des Einkaufzentrums an der Eselsmühle in Halle-Neustadt auf seine Lebensgefährtin Svtlana L. ein. Mit neunundzwanzig Messerstichen verletzte er Herz, Leber und Aorta der vierzigjährigen Frau so schwer, dass das Opfer noch am Tatort innerlich verblutete.

Eigentlich wollte sie der aus Kasachstan stammende Mann an diesem Tag gegen 17.30 Uhr von der Arbeit abholen. Die gebürtige Ukrainerin, Mutter von zwei Kindern, lebte seit langem in Deutschland und hatte einen deutschen Pass. Bereits sechzehn Jahre arbeitete sie in dem Reisebüro, denn ihre Studienabschlüsse erkannten die deutschen Behörden nicht an. Andrej K. war 1998 nach Halle gekommen und hielt sich dort illegal auf. Seit der Jahrtausendwende war Svtlana L. seine Partnerin, mit der der arbeitslose Bauarbeiter gemeinsam in deren Haus wohnte. Nun hatte sie ihm gesagt, dass es einen anderen Mann in ihrem Leben gebe. Sie wollte sich von ihm trennen. Deshalb gab es am 28. Dezember einen heftigen Streit im Reisebüro. Schließlich schleuderte die Frau ihrem bisherigen Lebenspartner einen Satz ins Gesicht, der ihn ausrasten ließ: »Du bist ein Dummkopf, schon seit drei Jahren treffe ich diesen Mann.« Vor Gericht erklärte Andrej K.: »Da hat sich ein dumpfer Nebel in meinem Kopf ausgebreitet. Was dann passiert ist, kann ich nicht sagen.« Erst nach einiger Zeit habe er wahrgenommen, dass die Polizei vor Ort war und erklärt: »Ich habe es getan.«

Ob brodelnde Eifersucht, ungezügelte Habgier oder lodernder Hass, oft ist es dieser »Nebel im Kopf«, der später für die Verurteilung der Tat eine wichtige Rolle spielt. Er entscheidet über Affekt oder Schwere der Schuld und den späteren Umgang mit der bei Mord zwangsläufig auszusprechenden Strafe auf »lebenslang«.

Im Fall des Messerstechers Andrej. K. hatte das Landgericht Halle ab dem 25. Mai 2018 dessen Mordmotiv zu ergründen. Der Angeklagte schilderte seine große Liebe zu Svtlana L. und die Harmonie in der Familie. Dem widersprach seine sechzehnjährige Tochter. »Nicht die Liebe, sondern die Streitigkeiten waren prägend«, erklärte sie. Ihr Vater sei fordernd gewesen und auch ihr gegenüber handgreiflich geworden. Drei Tage vor der Tat gab es nach ihrem Bericht einen Streit. Andrej K. hatte gerade erfahren, dass ihn seine Lebensgefährtin verlassen wollte: »Er war sehr aufgebracht und hat rumgeschrien. Und er fragte mich, ob ich es sehr schlimm finde, wenn er meine Mutter umbringt.« Die Zeugin berichtete ihr von der Drohung, doch Svtlana L. habe gesagt, dass sie schon auf sich selbst aufpassen könne.

Ein ganz anderes Bild des Angeklagten malte dessen

Freund vor Gericht: »Er ist kein aggressiver Typ.« Er beteuerte mehrfach, dass zwischen dem Paar alles gut lief: »Es war eine harmonische Familie.« Man habe gemeinsam die Freizeit verbracht, und statt böser Worte hätte es immer wieder Umarmungen und Küsse gegeben.

Das wiederum sah der neue Partner der Frau anders: »Sie hat die Beziehung nicht glücklich gemacht. Sie hatte Angst, dass er sie umbringt, wenn er von der neuen Beziehung erfährt.« Am Tattat rief ihn die Tochter des Opfers an und berichtete von der gerade stattfindenden Auseinandersetzung. Daraufhin eilte der neue Freund Svtlanas ins Reisebüro im Einkaufszentrum Eselsmühle, wo er auf die schwerverletzte Frau und Andrej K. traf, »teilnahmslos und stumm in der Ecke stehend«.

Der Angeklagte wiederholte vor Gericht sein Geständnis und bat um Vergebung: »Ich bereue es sehr, was geschehen ist. Für mich ist unerklärbar, was passiert ist.«

Das Gericht sah in seiner rasenden Eifersucht ein Mordmotiv. Am 21. Juni 2018 verurteilte es Andrej K. deshalb zu einer lebenslangen Freiheitsstrafe. Das wollte der Angeklagte so nicht akzeptieren. Sein Verteidiger hatte auf Totschlag plädiert. Im Februar 2019 verwarf der Bundesrichthof die Revision, und das Urteil wurde damit rechtskräftig.

Wegen eines Doppelmords aus Habgier verurteilte das Landgericht Leipzig am 27. Februar 2009 einen damals zweiunddreißig Jahre alten Mann. Er erschlug im

Februar 2007 im nordsächsischen Dölzig seine acht-
undfünfzig und achtundsiebzig Jahre alten Eltern, um
der Mutter die Geldkarte zu rauben. Der junge Mann
hatte sein Studium abgebrochen, lebte von Gelegen-
heitsjobs, aber vor allem auf Kosten seiner Eltern. Im
Prozess, der am 6. Januar 2009 begann, sagte er aus,
dass ihm seine Mutter immer wieder viel Geld zuge-
steckt habe, monatlich »1.000 bis 1.500 Euro«. Damit
finanzierte er den gemeinsame Alltag mit seiner Verlobten und der kleinen Tochter. Der Frau und seinem
achtundsiebzigjährigen Vater gaukelte der Angeklagte
vor, eine Lehre als Rechtsanwaltsgehilfe angetreten zu
haben.

Dann brauchte er 840 Euro zusätzlich, um einen
Strafbefehl zu begleichen. Dem Vater war das Parasi-
tenleben des Sohnes schon längst ein Dorn im Auge.
Er sah es auch nicht gern, dass ihn die Mutter immer
wieder unterstütze. Sie fühlte sich in einer Zwickmüh-
le. Als sie dem Sohn die zusätzliche Zahlung verweigerte, erschlug er sie mit einer Hantel. Zum weiteren
Geschehen informierte der Bundesgerichtshof: »Weil
er den Mord verdecken wollte, tötete er im Anschluss
daran seinen Vater (78 Jahre). Auch gegen den Vater
setzte er die Hantel ein. Außerdem trat er ihn gegen
den Körper und sprang auf seinen Oberkörper, wo-
durch zahlreiche Rippenbrüche und ein Pneumotho-
rax entstanden.«

Im Prozess versuchte der Angeklagte, den Mord an
seiner Mutter dem Vater in die Schuhe zu schieben.
Dazu verfasste er ein seitenlanges Schreiben, das Rich-

ter Hans Jagenlauf verlas: »Ich habe meiner Mutter nichts angetan. Mein Vater hat meine Mutter erschlagen«, zitierte er daraus. Seine Eltern hätten gestritten, weil ihm die Mutter freiwillig die Geldkarte gegeben habe. Seinen Vater habe er danach im Elternhaus angetroffen und in maßloser Wut in den Rücken getreten. »Ich wollte ihm wehtun.« Danach habe er ihn verletzt, aber lebend zurückgelassen.

Diese Version vom »Nebel im Kopf«, der ihn zwar zu einer schweren Körperverletzung, jedoch nicht zum Mord veranlasst habe, glaubte ihm das Gericht nicht. Am Ende der Beweisaufnahme zeigte es sich überzeugt, dass der Sohn seine Eltern ermordet hatte. Dafür verurteilte es ihn am 27. Februar 2009 zu einer lebenslangen Haftstrafe als Gesamtstrafe und stellte gleichzeitig eine besondere Schwere der Schuld fest. Gegen das Urteil legte der Angeklagte Revision ein. Mit Beschluss vom 1. September 2009 verwarf sie der 5. Strafsenat des Bundesgerichtshofs und machte das Urteil somit rechtskräftig.

Heimtücke und Hass als Mordmotive sind nicht an Intelligenz oder Dummheit des Täters gebunden. Das zeigte ein Mordversuch am 29. Juli 2013 im Potsdamer Plattenbauviertel Schlaatz, in dem später auch die bereits beschriebene Entführung des kleinen Elias stattfand. Ronny H. wohnte dort mit seiner aus China stammenden Frau und seinen drei Kindern, zwischen fünf und elf Jahre alt, Der dreiunddreißigjährige Mann hatte sein Abitur mit der Note 1,3 gemacht und ein Studium der Geophysik begonnen. Als es ihn überforderte, versuchte er ein Informatikstudium, dann eines in Physik. Keines brachte er zu einem Abschluss. Streit und häusliche Gewalt bestimmten den Alltag von Ronny H. und seiner vier Jahre älteren Frau.

In dem hellhörigen Haus blieben die Probleme des ungleichen Paares nicht verborgen. Nachbar und Frührentner Michael M. hatte sich an den Lärm fast schon gewöhnt: »Schreien, Beschimpfungen, Türenknallen – das war an der Tagesordnung.« Zu hören gewesen sei vor allem Ronny H, der seine Frau beschimpfte: »Die vorrangigen Worte waren: Schwein und Drecksau.« Der Sechsundfünfzigjährige fürchtete die Ausbrüche von Jähzorn und klingelte öfter mal bei den Nachbarn, um um Ruhe zu bitten. Später erinnerte sich Michael M.: »Einmal habe ich zur Verteidigung ein Messer mitgenommen. Ich hatte Angst, dass er auf mich losgeht. Ich war mir sicher, der Mann ist gefährlich.«

Dass diese Furcht berechtigt war, musste Nachbarin Cindy S. am 29. Juli 2013 als Augenzeugin auf ihrem Balkon erleben. Die Dreiunddreißigjährige sah plötzlich im fünften Stock hinter dem Fenster vis-à-vis ihren Nachbarn, der mit beiden Händen einen glänzenden Gegenstand emporstemmte und nach unten schlug. Sie hörte das Weinen der Kinder und ein metallisches Scheppern, dann schlug der Mann erneut zu. Die halbnackten Kinder stürmten panisch ins Freie, währenddessen Nachbar Michael M. die Polizei alarmierte. Ein Notruf ging auch von Ronny H. ein. Achtmal hatte er auf seine Frau mit einer 16,5 Kilogramm schweren Hantel eingeschlagen, bis er glaubte, sie sei tot. Panisch griff er danach zum Telefon, doch als sich die Frau noch bewegte, schlug er erneut mit dem Eisen zu. Dann wusch sich Ronny H. das Blut von den Händen. Als die Polizei eintraf, lebte die Frau noch, fiel dann aber ins Wachkoma.

Ab dem 15. April 2014 stand Ronny H. wegen versuchten Mordes vor dem Landgericht Potsdam. »Ich wollte sie töten«, bekannte der unscheinbare, blasse Mann vor Gericht: »Sie war nicht so, wie ich mir meine Frau vorgestellt habe, sie konnte nicht kochen und nicht backen.« Die Richter sahen Heimtücke und blinden Hass als Motiv für einen Mord, der nicht vollendet wurde. »Der Angeklagte hat seiner Frau das Leben genommen, ohne sie zu töten«, stellte Rechtsanwältin Marlen Block, die Anwältin des Opfers, am Ende der Verhandlung fest. Der Vorsitzende Richter Frank Tiemann beschrieb ihren Zustand so: »Außer Schmerzen, denen mit hohen Medikamentengaben begegnet wird, spürt sie gar nichts mehr. Ihr Zustand wird sich auch nicht ändern.« Wegen versuchten Mordes verurteilte er Ronny H. am 10. Juli 2014 zu einer lebenslangen Haftstrafe. Außerdem muss er 300.000 Euro Schmerzensgeld und 500 Euro Rente monatlich an seine Ehefrau zahlen und ist für alle materiellen und immateriellen Schäden der mittlerweile in einem Pflegeheim Untergebrachten haftbar.

In der Beweisaufnahme stellte sich heraus, dass Gewalt schon lange die Beziehung innerhalb der fünfköpfigen Familie beherrschte und viele darüber einfach hinwegsahen. Dabei kam es zu Körperverletzungen, wie etwa im April 2013, als Ronny H. seine Frau mit heißer Brühe übergoss. Vor Gericht versuchte er, voller Selbstmitleid sein Verhalten zu entschuldigen. Sie habe sich nicht genügend um die Familie gekümmert und er deshalb sein Studium nicht geschafft. Seine Erklärung zum Ablauf am Tattag klang unglaubwürdig: Er habe von der damals schon von ihm getrennt lebenden Ehefrau in der einst gemeinsamen Wohnung Aufklärung über aufgelaufene Schulden verlangt, berichtete Ronny H. Die Frau habe gesagt, das gehe ihn nichts an. »Da sah ich die Hantel und dachte, du musst es jetzt tun. Du musst die Kinder von dieser furchtbaren Mutter befreien. Hätte mir der Sohn nicht die Brille weggenommen, hätte ich weitergemacht. Dann habe ich die Polizei angerufen und auf ihr Eintreffen gewartet.«

Die Mordabsicht bestritt er vor Gericht. Obwohl bei dem Angeklagten bereits zehn Jahre zuvor eine psychische Erkrankung diagnostiziert worden war, bestätigte der vom Gericht bestellte Gutachter dessen volle Schuldfähigkeit. Merkmale einer krankhaften Persönlichkeitsstörung seien nicht erkennbar. Der Psychologe bewertete Ronny H.s Tat eindeutig: »Es war sehr intendiert, sehr bilanzierend und ohne durchbruchartigen Wutanfall.«

Obwohl der Mord nicht vollendet wurde, sah Richter Frank Tiemann keine Gründe für eine Strafmilderung: »Das wäre hier nicht sachgerecht. Der Angeklagte hat aus Heimtücke und Hass gehandelt. Nach wie vor empfindet er nicht einmal ansatzweise Mitleid mit der Frau.«

Mit dem Argument, er sei letztlich »vom Mordversuch zurückgetreten«, begründete Ronny H. seine Revision vor dem Bundesgerichtshof. Der verwarf sie im Februar 2015, so dass das Urteil rechtskräftig wurde.

Oft sind solche Verbrechen wie Blitze, die plötzlich aus dem Nebel im Kopf schlagen und anderen Menschen Schaden und Leid zufügen, aber meist auch das Leben der Täter für immer verändern. Es gibt aber auch Taten, die sich über Jahre ziehen. Irgendwann offenbart sich dann, dass der nette Nachbar oder die freundliche Frau von gegenüber ein dunkles Geheimnis mit sich trägt.

Als ein Bewohner des Hauses in der Hosemannstraße 18 in Berlin-Prenzlauer Berg im Sommer und Herbst 2016 einen »muffig, modrigen Geruch« bemerkte, der aus der Wohnung im Hochparterre des dreistöckigen Mietshauses zu kommen schien, rief er mehrfach den Polizeinotruf 110 an. Er hatte seinen achtzigjährigen Nachbarn Heinz N. seit Oktober 2006 nicht mehr gesehen. Nur sein Briefkasten wurde regelmäßig geleert, am Abend ging das Licht an und wieder aus, hin und wieder kamen Handwerker und auch die Heizung wurde regelmäßig abgelesen. Trotzdem kam das alles dem Mann aus der Wohnung darüber komisch vor. Er fragte bei der Wohnungsverwaltung an und wurde abgewimmelt. Auch bei der Polizei beschwerte er sich über die Geruchsbelästigung, doch dort erklärte man ihm, dass dies kein Grund sei, die

110 zu wählen. »Zuletzt drohte man mir sogar mit einer Anzeige wegen Notrufmissbrauchs«, erinnerte sich der Mann, der sich schließlich an sein zuständiges Polizeirevier wandte. Die dortigen Beamten nahmen seine Sorgen ernst und schickten einen Streifenwagen vorbei. Als sich auch nach intensivem Klopfen hinter der Wohnungstür nichts tat, brachen die Rettungskräfte am 9. Januar 2017 gegen neunzehn Uhr die Tür auf. Die Wohnung machte einen sauberen Eindruck, aufgeräumt und »fast steril«, wie sich einer der Ermittler erinnerte. Doch dann sahen die Polizisten in die Tiefkühltruhe. Dort entdeckten sie die zerstückelte Leiche von Heinz N., die seit mehr als zehn Jahren eingefroren war.

Die weiteren Ermittlungen führten schnell auf die Spur von Josef S., eines früheren Nachbarn des Opfers. Eine Überwachungskamera der Bank fotografierte ihn, als er vom Konto des verwitweten Rentners Geld abhob. Der damals fünfundfünfzigjährige Josef S., im Kiez als hilfsbereiter Mann bekannt, den alle »Joschi« nannten, wurde am 10. Januar 2017 in seinem Trödelladen in der nahen Langhansstraße verhaftet.

Die Polizei ermittelte, dass Josef S. kurz vor Silvester 2006 Heinz N. in seiner Wohnung erschossen hatte, um an die Rente des früheren Ingenieurs von monatlich 1.700 Euro und dessen Ersparnisse zu kommen. Er kannte ihn, weil er zuvor einige kleine Handwerksarbeiten in seiner Wohnung verrichtet hatte. Nun ging es ums Geld, denn Josef S. war als Spieler regelmäßiger Gast in verschiedenen Casinos.

Um den Mord zu verdecken, zerstückelte er sein Opfer und lagerte es in einer extra angeschafften Tiefkühltruhe. Dann installierte der Mörder Zeitschaltuhren für die stundenweise Beleuchtung der Wohnung, korrespondierte im Namen von Heinz N. mit der Wohnungsverwaltung und dem Finanzamt und lüftete regelmäßig. Das alles ließ sich leicht bewerkstelligen, denn Josef S. wohnte nur wenige Straßenbahn-Stationen weiter bei seinen Eltern. Er fühlte sich nach seinem Mord so sicher, dass er bei der Verhaftung persönliche Gegenstände des Opfers bei sich trug.

So fiel zehn Jahre lang niemandem auf, dass Heinz N. nicht mehr am Leben war. Inzwischen wäre er neunzig Jahre alt gewesen, und deshalb plante Josef S. bereits, die Leiche endgültig verschwinden zu lassen. Die Wohnung war von ihm bereits gekündigt, der Auszug aber noch einmal bis Ende Januar 2017 verlängert worden.

Die Polizei ging bei den Ermittlungen davon aus, dass Josef S. schon einmal einen Mord begangen hatte. Sie entdeckten bei ihm nämlich den Personalausweis und eine Kreditkarte der im März 1924 geborenen Irma Kurowski, bis zum Jahr 2000 eine Nachbarin seiner Mutter in der Naugarder Straße. Seither fehlte von ihr jede Spur. Ein Jahr nach dem Verschwinden von Irma Kurowski wurde ihre Wohnung geräumt. Allerdings lief die Rente der einstigen Schneiderin im Friedrichstadtpalast in Höhe von 900 Euro im Monat weiter – auf das Konto von Josef S.

Als im Oktober 2017 der Prozess zum Mord an

Heinz N. vor dem Berliner Landgericht begann, erklärte Josef S., er habe Heinz N. am 28. Dezember 2006 tot in dessen Wohnung aufgefunden, in einem Sessel, mit einer Schussverletzung in der Stirn. Daneben lag eine kleine Pistole. Erst danach habe er sich entschlossen, die Leiche verschwinden zu lassen, um die Rente weiter kassieren zu können.

Gerichtsmediziner Sven Hartig entlarvte das als Lüge. An der Leiche gab es keinerlei Fäulnis, die Totenflecken waren auch zehn Jahre später noch erkennbar. Seine Schlussfolgerung: »Die Zerteilung der Leiche muss demnach zeitnah zum Todeseintritt erfolgt sein – und nicht erst ein paar Tage später.« Ein weiteres Indiz für das Zerstückeln des Toten war der starke Blutverlust. Damit widerlegte er die Behauptung, dass ein Selbstmord stattgefunden habe.

Am 18. April 2018 wurde Josef S. zu einer lebenslangen Haftstrafe bei Feststellung der besonderen Schwere der Schuld verurteilt. Das Gericht stellte fest, dass er im Laufe der Jahre im Namen seines Opfers 207.000 Euro kassierte. Weitere rund 178.000 Euro der verschwundenen Irma Kurowski flossen ebenfalls auf sein Konto. Zu diesem Fall resümierte der Vorsitzende Richter Peter Schuster: »Wir gehen davon aus, dass auch Irma Kurowski tot ist … Wir wissen nicht, wie sie gestorben ist, sind aber überzeugt, dass der Angeklagte es weiß.«

Am 16. April 2019 verwarf der Bundesgerichtshof dessen Revision als »offensichtlich unbegründet« und machte damit das Urteil rechtskräftig. Im Fall Irma

Kurowski, die im Jahr 2000 verschwand, wird weiter-
ermittelt. Am 12. Mai 2019 suchte die RBB-Sendung
»Täter, Opfer, Polizei« erneut nach Zeugen.

Der Rückfalltäter

Für vier Mordopfer fünfundfünfzig Jahre im Gefängnis

Bis zum Januar 2019 lautete die Adresse von Herbert M.: Anton-Saefkow-Allee 22 in Brandenburg an der Havel. Es war die Justizvollzugsanstalt. In der Ordnung des großen Hauses kamen ein paar weitere Angaben dazu: Station II.1, Vollzugsabteilung II, Einzelhaftraum 11.2-0.21. Eine Zelle mit Bett, Schrank und Tisch. An der Tür steht »VK«. Das heißt »Vollkost«. Seine Kaffeemaschine und den Radiorekorder hatte Herbert M. auf einem Regal über dem Bett untergebracht. Dort standen auch seine Tabakdose, die Gummibärchen, und natürlich lagen die Medikamente griffbereit. Er brauchte sie, das war für einen Mann in seinem Alter normal. Herbert M. hatte die Achtzig längst überschritten. Im Gefängnis saß er wegen Mordes an vier Menschen. Zweimal hatte man ihn aus der Haft entlassen, zweimal war er wieder rückfällig geworden. Wäre es besser gewesen, ihn bereits nach dem ersten Mord 1950 für immer »wegzusperren«? Das ist eine Frage, zu der es völlig unterschiedliche Meinungen gibt.

Die konservative Kinder- und Jugendpsychotherapeutin und Schriftstellerin Christa Meves sieht in Fällen wie diesem ein leichtfertiges Überschätzen der

Möglichkeiten einer Resozialisierung, die die Freiheit in einer liberalen Gesellschaft anstrebt: »Die ab 1965 ins Land einströmende Ideologie von der Verderben verursachenden Gesellschaft allein führte auch dazu, die Reversibilität eingebahnter krimineller Verhaltensstörungen leichtfertig zu überschätzen; denn was die ›böse Gesellschaft‹ falsch macht, sollte sich (unter Aufklärung ihrer unzulässigen Repressionen) bald wieder ausbügeln lassen, so schloss man messerscharf. Besonders aufgrund dieser illusionären Vorstellung über die grundsätzlich angenommene Resozialisierungsmöglichkeit von Rechtsbrechern kam es zu einer Überschätzung der psychotherapeutischen Heilungschancen bei Wiederholungstätern.« Damit stellte sie den modernen Denkansatz jeglichen Strafvollzuges in Frage.

Hans-Ludwig Kröber, bis 2016 Direktor des Instituts für Forensische Psychiatrie an der Charité Berlin, widersprach dieser Meinung. Er wies darauf hin, dass nur etwa 3 Prozent der Tötungsdelinquenten rückfällig werden. Bei den durchschnittlich knapp siebenhundert vollendeten Morden und Totschlagsdelikten pro Jahr in Deutschland würde das immerhin bedeuten, dass – entsprechend zeitversetzt – Jahr für Jahr etwa zwanzig Menschen freikommen, bei denen eine erneute Tat gegen das Leben nicht auszuschließen wäre. Dabei ist es ein Unterschied, welcher Art die Tötung war. Prof. Dr. Kröber stellte fest: »Sehr stabile Rückfallraten bis ins letzte Lebensdrittel finden sich bei Sexualstraftätern. Der Verdacht auf ›eine anhaltende

Gefährlichkeit‹ besteht bei Menschen, ›die einmal den Triumph des Tötens genossen haben‹. Insgesamt gibt es für das erneute Begehen von schweren Gewalttaten aber ›kein stabiles Erkennungszeichen‹.« Er fasste zusammen: »Diese Männer sind keine … Persönlichkeitstäter und keine Täterpersönlichkeiten, sondern Männer mit einer sehr belasteten, aber letztlich selbst gestalteten Lebensgeschichte. Die Vielgestaltigkeit dieser Geschichten beweist, dass es keine allgemeine Theorie ihres Rückfalls geben kann und dass Gott eben doch bisweilen würfelt.«

Wie viel Glück und Unglück hielt das Spiel des Lebens für Herbert M. bereit? Der am 29. Dezember 1933 im sächsischen Meerane geborene Mann lockte 1950 ein Mädchen aus der Nachbarschaft in den Wald zum Beeren sammeln. Sie war fünf, er damals sechzehn Jahre alt. Er habe »ein bissel an ihr rumgegriffen, Beine und Dings da«, sagte er später. Das erschrockene Kind schrie, Herbert M. würgte es und stach mit einem Taschenmesser auf die Brust ein. Das DDR-Bezirksgericht Suhl verurteilte ihn wegen dieses ersten Mordes zu acht Jahren Jugendgefängnis.

Es vergingen achtzehn Jahre. Herbert M., nun vierunddreißig Jahre alt, war zweimal geschieden, als er eine junge Frau im thüringischen Lauscha aus der Kneipe nach Hause begleitete. Sie stritten, denn der damals noch junge Mann wollte die Frau für sich, aber sie zögerte. Herbert M. würgte sie und stach wieder mit dem Taschenmesser zu. In der Begründung des Urteils zu lebenslanger Haft 1968 schrieb das Gericht, er habe die Frau aus Verärgerung darüber, »dass die Geschädigte im Trunkenheitszustand ein Zusammenleben mit ihm ablehnte«, umgebracht. Es stellte »Gemütskälte« bei ihm fest, »die sein gesamtes Leben beeinflusst«. Ein sexuelles Motiv ließ sich nicht beweisen: »Der Stich in die Brust deutet zwar darauf hin, dass der Angeklagte dabei ein Lustgefühl hatte. Es kann jedoch nicht ausgeschlossen werden, dass er mit diesem Stich die Tötung des Opfers wollte, ohne sexuelle Befriedigung dabei zu suchen«, hieß es im Urteil.

Herbert M. saß zweiundzwanzig Jahre im Gefängnis. Dann änderten sich die Verhältnisse. Nach dem Ende der DDR galt ein neues Strafgesetzbuch. Im Paragraphen 57 a machte es bei »lebenslang« Verurteilten nach fünfzehn Jahren die Aussetzung der Reststrafe auf fünf Jahre Bewährung möglich. So kam auch Herbert M. im September 1990 frei. Es war eine Entscheidung, die nach einem Jahr, drei Monaten und fünf Tagen zu einer Tragödie führte.

Alles begann recht verheißungsvoll. Herbert M. fand eine Arbeit beim Gartenbauamt und eine Wohnung im Berliner Prenzlauer Berg. Damals war das noch eine herunter gekommene Gegend, aber die Bewohner kannten sich gegenseitig und lebten fast wie auf dem Dorf zusammen. In der Jablonskistraße kam die neue Zeit langsam. Über die Eröffnung der Münz-Wäscherei, natürlich nun »Wasch-Center« genannt, Mitte 1991 an der Ecke zur Prenzlauer Allee, redeten die Leute. Fragte dann jemand Herbert M., wo er denn die letzten zwanzig Jahre gewesen sei, antwortete er: »im Strafvollzug«, und fügte schnell hinzu: »als Wärter«.

Am 3. Januar 1992 lasen die Nachbarn in der *Berliner Zeitung*, dass letzteres nicht stimmte. Das Blatt berichtete über einen doppelten Kindermord: »Die Frau wollte Silvester feiern, ihre zwei Mädchen Nadine (5) und Christine (4) vertraute sie einem Bekannten an. Doch das endete grausam … am Neujahrstag (hatte sich) der 58-jährige Herbert M. aus Prenzlauer Berg der Polizei gestellt. ›Ich habe die Kinder umgebracht‹, gestand er. Polizisten entdeckten dann auch wenig später die Leichen der beiden Kinder in der Wohnung von M. an der Jablonskistraße. Laut Obduktionsbericht wurden Nadine und Christine durch mehrere Schnitte und Stiche getötet. Es wird vermutet, dass die Kleinen geschlafen hatten … Die Beamten erließen gestern gegen den Mann, der bis 1990 mehrere Jahre im Gefängnis gesessen und nach Aussagen der Justiz wahrscheinlich bereits früher Sexualverbrechen begangen hatte, Haftbefehl. ›Die Ermittlungen dauern an‹, sagte Kriminaloberrat Horst Brandt, Leiter der achten Berliner Mordkommission. Das Motiv für den Doppelmord sei unklar.«

Das blieb es, ganz im Gegensatz zum Tatablauf. Nachbarin Marion hatte »Onkel Herbert« gebeten, auf ihre Kinder aufzupassen, weil sie mit ihrer Freundin Claudia S. Silvester feiern wollte. Nadine und Christine kannten ihn, hatten mit Herbert M. schon oft gespielt. So ging es auch an diesem Abend hoch her, bis die beiden gegen zweiundzwanzig Uhr erschöpft in die

Betten sanken. Für Herbert M. war es noch zu früh, schlafen zu gehen. Ausgerechnet am Silvester. Er zog in die nahe Kneipe »Zur Linde«. Gegen Mitternacht schaute er noch einmal nach den beiden schlafenden Mädchen, dann kehrte er in die Feierrunde zurück. Er trank nicht so viel wie die anderen, schließlich hatte Herbert M. ja Verantwortung übernommen. Langsam wurde er müde.

Dem Gericht erzählte Herbert M. später, die Kinder hätten gequengelt. Er wollte sie »zur Ruhe bringen«. Gereizt würgte er sie schließlich, dann stach er mit einem Küchenmesser auf sie ein. Im Urteil stand, dass Herbert M. »mit mächtigen Schnitten« Nadine und Christine den Hals aufschlitzte. Dann schnitt er »längsseits den Bauch auf«. Es zitierte damit die Erkenntnisse des Gerichtsmediziners.

Bevor er am Neujahrstag zur Polizei ging, schrieb Herbert M. drei Zettel: »Hallo Claudia! Wir werden uns nicht mehr wiedersehen. Gehe so schnell wie möglich zu Marion oder bei mir in die Wohnung. Ich habe mich der Polizei gestellt.« Mit der Mutter der ermordeten Kinder hatte er noch eine offene Rechnung: »Vollmacht – Claudia S. bekommt die 150,00 DM, die ich von Dir noch bekomme, ausgehändigt. Herbert M…« Und dann dachte er an sein Erbe: »Vollmacht – Claudia S. ist berechtigt, über meine ganzen Sachen und alles andere zu verfügen. Auch über den Heizkörper. Herbert M…«

Bei der Polizei gestand er die Tat, konnte sich aber angeblich nicht mehr an die Tatumstände erinnern.

Auch zu seinem Motiv machte Herbert M. keinerlei Angaben. Ob er ein Rückfalltäter war, der zur sexuellen Befriedigung mordete, konnte nicht einmal der forensische Psychiater Wilfried Rasch mit letzter Sicherheit ergründen. M.s Verhältnis zu seiner Sexualität sei als nicht unkompliziert zu bezeichnen, schrieb er in seinem Gutachten. M. selbst sehe sich als »sexuell recht aktiv und befähigt, leicht Sexualkontakte zu knüpfen.«

Damit musste sich auch das Gericht begnügen. Die *Berliner Zeitung* meldete am 16. Oktober 1992: »Zu lebenslanger Haft wurde gestern der 58-jährige Herbert M. verurteilt. Eine Schwurgerichtskammer des Berliner Landgerichts hielt den Angeklagten für schuldig, Silvester vergangenen Jahres zwei Mädchen von vier und fünf Jahren, auf die er aufpasste, in seiner Wohnung an der Jablonskistraße in Prenzlauer Berg die Kehle durchgeschnitten zu haben. Dabei, so das Gericht, muss eines der Kinder die Tötung des anderen miterlebt haben. Welches Motiv der Tat zugrunde liegt, konnte die Kammer nicht klären. Deshalb verurteilte sie den Mann nicht wegen Mordes, sondern wegen Totschlages. Das Gericht folgte den Angaben, die M. bei der Polizei gemacht hatte. Danach hatte sich der als ›freundlich, nett und lieb‹ geltende Mann von den Kindern gestört gefühlt. Als das Wort vom ›bösen Onkel Herbert‹ fiel, glaubte sich der Angeklagte ›abgelehnt‹ und tötete die Mädchen. M. war bereits zweimal wegen Mordes verurteilt worden.«

Die Richter konstatierten: »Für die Annahme, dass

der Angeklagte aus Mordlust oder zur Befriedigung seines Geschlechtstriebes tötete, bestanden – auch nach Ausführungen des Sachverständigen – keine hinreichenden Anhaltspunkte.« Teilnehmer am Prozess hatten andere Eindrücke: »Vor Gericht hat Herbert M. genüsslich erzählt, wie er zwei Kindern in einer Silvesternacht die Kehlen durchgeschnitten hat«, erinnerte sich einer von ihnen.

Bereits im DDR-Gefängnis gab es keinerlei Therapie für Herbert M., er saß seine Strafe einfach nur ab. Nach dem ersten lebenslangem Urteil, das nach dem Ende der DDR auf Bewährung ausgesetzt worden war, verweigerte er jegliche psychologische Hilfe. 1993 notierte ein Gutachter: »Über die Tat äußert sich Herr M. so, als spreche er über einen Dritten, der ihm in doppelter Hinsicht fern stehe, als jemand, mit dem er nichts zu tun habe, wie als jemand, den er nicht begreifen könne.«

Fachleute kennen die Gründe, weshalb sich Täter wie Herbert M. des Öfteren Therapien verweigern. Sie sehen die Scham vor sich selbst und vor anderen als wichtigsten Grund. Manchmal fehlen ihnen die Worte, um auszudrücken, was sie zu ihren Morden getrieben hat, oft ist das Selbstbild des Täters völlig anders, als ihn seine Grausamkeit und Brutalität für andere erscheinen lassen. Über die Taten zu sprechen gilt als grundlegende Voraussetzung für die Aufarbeitung der Tat. Oftmals fühlen sich dabei besonders Kinderschänder gehemmt, denn sie fürchten um ihren »Ruf« hinter den Gefängnismauern. Was allgemein als Brücke in die Freiheit gilt, verwehren sie sich selbst – oder sie versuchen, mit geheuchelten »Einsichten« ihre Lage zu verbessern. Herbert M. entschied sich dazu, sein Innerstes verschlossen zu halten.

Unter forensischen Psychologen ist es umstritten, inwieweit solche Gründe zu akzeptieren sind. Manche sehen heute zwischen Beichte und Besserung längst nicht mehr den direkten Zusammenhang, der lange Zeit als Axiom angenommen wurde.

Immer steht die Frage »Würde er es wieder tun?« im Raum. Daraus folgt der Vorwurf an »den Staat«, er würde nicht ausreichend aktiv, um seine Bürger vor Rückfalltätern zu schützen. Die *Zeit*-Journalistin Sabine Rückert sieht eher das Gegenteil: »Der Gesetzgeber ist schon seit einigen Jahren pausenlos dabei, auf öffentlichen Druck hin das Strafrecht zu verschärfen. Das ist das Zeichen für einen Perspektivwechsel in Gesellschaft und Kriminalpolitik. Vertraute man in den siebziger und achtziger Jahren, vielleicht manchmal zu blauäugig, auf die Wunder der Resozialisierung, so ist Deutschland heute auf dem Weg in die Null-Risiko-Gesellschaft, die immer weniger Kriminalität hinnimmt. Das ist auch ein Werk von Journalisten. Manche Medien sehen ihre Aufgabe darin, vielstimmig, vielfarbig und auflagenstark die Wut auf den bösen Mann hinterm Busch anzuheizen, und Populisten aus der Politik schlagen Kapital aus dem lodernden Volkszorn.« Zur Begründung verweist sie auf die Faktenlage: »Wer sich an unbekannten Sexualstraftätern abarbeitet, kann vergessen, dass 80 Prozent aller ermordeten Kinder nicht von freigelassenen oder falsch eingeschätzten Sexualtätern, sondern von Mutter, Vater oder Verwandten erstochen, erschlagen, vergiftet, erdrosselt oder aus dem Fenster geworfen werden. Nicht einmal fünf Prozent fallen einem Fremden zum Opfer, der Rest der Täter ist nicht ermittelt.«

Diese Meinung wird ebenso umstritten bleiben, wie die völlig Ablehnung des Resozialisierungsgedankens. Er muss in jedem Einzelfall individuell geprüft werden.

Herbert M. stellte sich als Täter. Auch im Gefängnis machte er noch Pläne für die Zukunft. Im Sommer 1995 lernte er durch Briefkontakte eine Frau kennen, die eine Haftstrafe in der Justizvollzugsanstalt Luckau verbüßte. Die beiden durften sich besuchen und schmiedeten sogar schon Heiratspläne. Dann löste Herbert M. die Verlobung. Die Frau habe von ihm nur Geld gewollt, erzählte er dem *Spiegel*-Journalisten Hauke Goos, der ihn im Gefängnis besuchte. Dem fiel auf, dass er dennoch den Ring trug, und er fragte, ob der Mann in seinem Leben jemals jemanden richtig geliebt habe: »›Wenn man heiratet, dann muss man sich ja auch lieben, nicht wahr? Ich habe zweimal das seltene Glück gehabt, dass ich nun verheiratet war.‹ Aber haben Sie die Frauen geliebt? ›Ja, von Rechts wegen eigentlich ja. Eigentlich ja.‹ Warum hat Ihre zweite Ehe nur zwei Monate gehalten? ›Schuld habe auf alle Fälle ich gehabt.‹«

Ob er sich als sexuell gestörter Triebtäter fühle, hielt er auch in diesem Gespräch im Gefängnis verborgen:

»Hat M. den Frauen erzählt, dass er ein Kind getötet hat? ›Erzählt habe ich das schon‹, sagte M. ›Im Moment waren die auch baff.‹ Warum ist er nicht genauer geworden? Er habe Angst gehabt, sagte M., die Frauen würden ›aus einer Mücke einen Elefanten machen‹. Hat er ihnen von seiner Jugendstrafe erzählt? Man habe schon darüber gesprochen, sagte M. Wie haben die Frauen reagiert? ›Die haben gestaunt, was ich für ein Experte bin. Aber dann war das vergessen. So genau hab ich das auch nicht erzählt.‹«

So blieben am Ende nur die äußeren Befunde über den vierfachen Mörder Herbert M. Für die bereits erwähnte TV-Dokumentation »Urteil Mord – Spurensuche hinter Gittern« besuchte ihn der österreichische Kriminalpsychologe Thomas Müller im Gefängnis. Er zeigte sich überzeugt, dass Herbert M. in Wahrheit ein Sexualstraftäter sei. Als wichtigstes Indiz dafür sah der Fachmann die Benutzung von Messern bei den Taten. Sie belegten, dass man sein Opfer nicht nur verletzen, sondern »den Körper öffnen« wolle. Deshalb wurden die Messer »gezogen« und nicht nur zum Stechen benutzt. Thomas Müller konstatierte eine Dynamik der Taten – für ihn sah es so aus, als sei der Mord an dem fünfjährigen Mädchen 1950 eine »Probe« für das, was dann über die Jahrzehnte folgte, gewesen. Dabei habe der Täter Herbert M. jedes Mal ein wenig mehr seiner Phantasien realisiert.

Was tatsächlich im Innersten von Herbert M. vorging, hat niemand gewusst und niemand wird es je ergründen. Es gab Rückfalltäter und es wird sie wieder geben. Sicher berechtigt kritisiert die Journalistin Sabine Rückert: »Voll Inbrunst machen sich Boulevardblätter und Fernsehsender über den ›Saustall Justiz‹ her, der solche ›Monster‹ auf die Öffentlichkeit loslässt. Die Leiden der Opfer werden in einer Mischung aus Selbstgerechtigkeit und Voyeurismus genüsslich ausgebreitet, und in Fachkreisen unbekannte ›Experten‹ und ›Psychologen‹ geben in Interviews Stammtischparolen zum Besten. Und in die Beschreibungen, die der Leserschaft ein wohliges Grausen bescheren, mischt sich als Subtext die Botschaft: Bist du, sind deine Kinder vor solchen Ungeheuern wirklich sicher? Aus wenigen Ausnahmefällen wird dank medialer Anstrengung in der Phantasie der Bürger ein Klima des Verbrechens erzeugt und die Furcht geschürt, an jedem Spielplatz könnten Perverse lauern.«

Dennoch ist es nur ein Aspekt der Unfassbarkeit von Verbrechen. Alle anderen liegen tief in den Menschen verborgen.

Anfang Januar 2019 verstarb Herbert M. als ältester Häftling im Land Brandenburg im Alter von fünfundachtzig Jahren im Gefängnis. Er brachte drei Kinder und eine Frau um und saß insgesamt fünfundfünfzig Jahre seines Lebens hinter Gittern. Ob zwei oder gar drei Morde des Rückfalltäters hätten verhindert werden können, bleibt eine offene Frage.

Der Streit um die »richtige« Strafe

Nachwort

Das Strafgesetzbuch der DDR sah bei Mord eine Freiheitsstrafe von mindestens zehn Jahren bis zu lebenslang vor. Bis 1987 war die Todesstrafe möglich, die jedoch für kriminelle Taten seit Ende der 1970er Jahre
nicht mehr verhängt wurde. Die Strafe für Totschlag
lag bei bis zu zehn Jahren Haft, besondere Tatumstände konnten sie mildern. Eine Verjährung von Mord
trat nach fünfundzwanzig Jahren ein.

Der seit dem 3. Oktober 1990 in ganz Deutschland
geltende Mordparagraph 211 im Strafgesetzbuch lautet: »Der Mörder wird mit lebenslanger Freiheitsstrafe
bestraft.« In der Umgangssprache wird gern auch von
»lebenslänglich« gesprochen. Das ist im Kern nichts
anderes als eine Sprachschluderei; es gibt eine »lange«
Zeit, aber keine »längliche«. Dennoch ist das Wort gebräuchlich.

Der »Mordparagraph« definiert: »Mörder ist, wer
aus Mordlust, zur Befriedigung des Geschlechtstriebs,
aus Habgier oder sonst aus niedrigen Beweggründen,
heimtückisch oder grausam oder mit gemeingefährlichen Mitteln oder um eine andere Straftat zu ermöglichen oder zu verdecken, einen Menschen tötet.« Seit
1979 gibt es bei Mord keine Verjährung mehr. Vom
Mord unterschieden wird im Paragraph 212 StGB:

»Wer einen Menschen tötet, ohne Mörder zu sein, wird als Totschläger mit Freiheitsstrafe nicht unter fünf Jahren bestraft.« Zusätzlich stuft das Gesetz im Paragraphen 213 ab: »War der Totschläger ohne eigene Schuld durch eine ihm oder einem Angehörigen zugefügte Misshandlung oder schwere Beleidigung von dem getöteten Menschen zum Zorn gereizt und hierdurch auf der Stelle zur Tat hingerissen worden oder liegt sonst ein minder schwerer Fall vor, so ist die Strafe Freiheitsstrafe von einem Jahr bis zu zehn Jahren.«

Damit entspricht die Bestrafung von Tötungsverbrechen nicht der Systematik des Strafgesetzbuchs. Im Gegensatz zum dort niederlegten Tatbezug werden sie als täterbezogenes Delikt gesehen. Das Bundesverfassungsgericht entschied am 21. Juni 1977, dass dies mit dem Grundgesetz vereinbar ist. Trotzdem wird beim Mordparagraphen seit Jahrzehnten ein Reformbedarf angemahnt. Die heute noch gültigen Formulierungen der Tötungsdelikte stammen im Wesentlichen aus dem Jahre 1941. Der damalige Staatssekretär im NS-Reichsjustizministerium und spätere Präsident des Volksgerichtshofs, Roland Freisler, war daran federführend beteiligt. Sie reflektieren den Ungeist der Naziideologie, indem sie statt objektiver Maßstäbe Tätertypen beschreiben und Gesinnungen bestrafen.

Das sei mit einem modernen Strafrecht nicht mehr vereinbar, sagen die Kritiker. Viele von ihnen sehen in den früheren DDR-Gesetzen zu Mord und Totschlag eine damals vollzogene Weiterentwicklung, die mit der deutschen Einheit obsolet wurde.

Im Mittelpunkt der Kritik steht überdies seit Jahrzehnten, dass der Mordparagraph die lebenslange Haft als einzige Strafe vorsieht. Ausnahmen sind vom Gesetz auch dann nicht vorgesehen, wenn die Strafe im Einzelfall als ungerecht empfunden wird.

Um diesen Widerspruch zu mildern, entstand seit den 1980er Jahren in der Rechtsprechung die sogenannte »Rechtsfolgelösung«. Sie ist eine nicht im Gesetz fixierte Vorschrift der Strafzumessung, die der Bundesgerichtshof entwickelte. Diese »Rechtsfolgelösung« soll es ermöglichen, auch bei gerichtlich festgestellten Mordmerkmalen eine geringere Strafe als lebenslang zu verhängen. Der BGH erklärte dazu: »Dies soll etwa bei Taten in Betracht gezogen werden können, die durch eine notstandsnahe, ausweglos erscheinende Situation motiviert, in großer Verzweiflung begangen, aus tiefem Mitleid oder aus ›gerechtem Zorn‹ auf Grund einer schweren Provokation verübt worden sind oder in einem vom Opfer verursachten und ständig neu angefachten, zermürbenden Konflikt oder in schweren Kränkungen des Täters durch das Opfer, die das Gemüt immer wieder heftig bewegen, ihren Grund haben.« Diese Orientierung ist praktikabel, trägt aber auch die Gefahr einer Rechtsunsicherheit in sich. Grundsätzliche Bedenken gegen die »Rechtsfolgelösung« resultieren daraus, dass diese »Bestrafungsbremse« nicht vom Gesetzgeber, sondern von der Rechtsprechung selbst geschaffen wurde.

In der Praxis bedeutet ein Urteil auf »lebenslange«

Haft heute, dass der Täter im Durchschnitt zwanzig Jahre im Gefängnis bleibt.

Die Bemühungen um eine Reform des Mordparagraphen in der einstigen Bundesrepublik erfuhren einen Höhepunkt, als Strafrechtswissenschaftler Prof. Dr. Albin Eser 1980 dem Deutschen Juristentag konkrete Vorschläge vorlegte. In ihrem Kern sahen sie Mord als Grundtatbestand mit einem breiten Spielraum beim Strafmaß vor. Eine Bestrafung wegen Totschlags wäre demgegenüber eine Privilegierung. Sie fanden bisher keinen Niederschlag im Gesetz.

Gestritten wird bis heute, ob Mord ein eigenständiges Delikt oder nur eine besondere Form des Totschlags ist. Der Bundesgerichtshof betrachtet ihn regelmäßig als eigenständigen Tatbestand. Er meint aber auch, dass der Unrechtsgehalt eines Totschlags im Mord weiter enthalten ist. Das 6. Strafrechtsänderungsgesetz von 1998 fasste einzelne Tötungsdelikte neu. Eine grundlegende Reform wurde zwar mehrfach geplant, aber nicht durchgeführt.

Im Jahr 2008 veröffentlichte ein Arbeitskreis deutscher, österreichischer und schweizerischer Strafrechtslehrer einen weiteren Entwurf mit einem einheitlichen Tötungstatbestand. Er war Ausgangspunkt für den damaligen SPD-Justizminister Heiko Maas im CDU-geführten Kabinett unter Bundeskanzlerin Angela Merkel, ab Anfang 2014 erneut eine Reform der Tötungsdelikte anzustreben. Von Mai 2014 bis Juni 2015 erarbeitete eine Expertengruppe dazu eine Stellungnahme.

Sie befürwortete grundsätzlich die Beibehaltung der lebenslangen Freiheitsstrafe, sprach sich aber gegen deren zwangsläufige Verhängung durch den vom Gesetz vorgeschriebenen »Exklusivitäts-Abso-lutheits-Mechanismus« aus. Richter sollten die Mög-lichkeit bekommen, auch im Fall eines Mordes stärker mildernde Gesichtspunkte berücksichtigen zu kön-nen. Wie weit sie gehen könnten, blieb umstritten.

Die Beschreibung des »Mörders« oder des »Tot-schlägers« als Tätertypus betrachteten die Experten als überholt. Eine Differenzierung sollte zwar bei-behalten, im Gesetz aber die »Tathandlung« festge-schrieben werden.

Bei den Mordmerkmalen sahen die Experten als »niedrige Beweggründe« für eine vorsätzliche Tötung zum Beispiel auch Abstammung, ethnische oder sons-tige Herkunft, Glauben oder religiöse Anschauung des Opfers sowie rassistische Motive des Täters. Vorhan-dene Merkmale wie Verdeckungsabsicht, Grausamkeit und Heimtücke sollten mit einigen Änderungen be-stehen bleiben.

Viele Punkte sind unter den Fachleuten bis heute umstritten. Die Umsetzung der von allen Seiten als notwendig betrachteten Strafrechtsreform steht noch aus. Der Streit um die »richtige« Strafe bei Mord und Totschlag geht somit weiter.